ESTRATÉGIAS de ENSINO 5

IRANDÉ ANTUNES

Muito além da gramática

POR UM ENSINO DE LÍNGUAS SEM PEDRAS NO CAMINHO

parábola

Capa e projeto gráfico: Andréia Custódio

CIP-BRASIL. CATALOGAÇÃO NA FONTE
SINDICATO NACIONAL DOS EDITORES DE LIVROS, RJ

A672m

Antunes, Irandé, 1937-
Muito além da gramática : por um ensino de línguas sem pedras no caminho / Irandé Antunes. - São Paulo : Parábola Editorial, 2007.
(Estratégias de ensino ; 5)

Inclui bibliografia
ISBN 978-85-88456-61-7

1. Língua portuguesa - Estudo e ensino. 2. Língua portuguesa - Gramática - Estudo e ensino. 3. Linguagem e línguas. I. Título. II. Série.

07-0257 CDD 469.8
CDU 811.1343´242

Direitos reservados à
PARÁBOLA EDITORIAL
Rua Dr. Mário Vicente, 394 | Ipiranga
04270-000 São Paulo, SP
pabx: [11] 5061-9262 | 5061-8075 | fax: [11] 2589-9263
home page: www.parabolaeditorial.com.br
e-mail: parabola@parabolaeditorial.com.br

ISBN: 978-85-88456-61-7

1ª edição - 12ª reimpressão: julho de 2022

A Vinícius e Antônio,
que vivem as primeiras surpresas e o primeiro encantamento
do mundo da linguagem.
Que "a poesia desse momento" lhes "inunde a vida inteira".

NO MEIO DO CAMINHO

No meio do caminho tinha uma pedra
tinha uma pedra no meio do caminho
tinha uma pedra
no meio do caminho tinha uma pedra.

Nunca me esquecerei desse acontecimento
na vida de minhas retinas tão fatigadas.
Nunca me esquecerei que no meio do caminho
tinha uma pedra
tinha uma pedra no meio do caminho
no meio do caminho tinha uma pedra.

(C. Drummond de Andrade. *Poesia completa e prosa*.
Rio de Janeiro: José Aguilar, 1973, pp. 61-62)

Sumário

PREFÁCIO

Água mole em pedra dura...

Marcos Bagno

Universidade de Brasília

> No caso da língua, é bastante claro que o que se diz sobre ela no senso comum é, de fato, muito pouco. Mas – temos de reconhecer – é também muito pouco o que temos realizado em termos do estudo e da compreensão dessas articulações discursivas do senso comum. Continua pouco claro, por exemplo, o porquê de tais enunciados nunca perderem sua vitalidade (estão sempre aí, incólumes e disponíveis para o eterno retorno). Do mesmo modo, permanecem obscuros os processos que, a cada vez, motivam o reemergir daqueles raros enunciados. Há portanto, muito ainda a se fazer no destrinçamento dos dizeres sociais sobre a língua.
>
> *Carlos Alberto Faraco*[1]

O TELEFONE toca na tarde azul de domingo brasiliense e, quando atendo, recebo a saudação gostosa da minha amiga Irandé – anúncio de mais uma conversa divertida, afetuosa e cheia de observações perspicazes e originais. Irandé, afinal, é uma das pessoas

1. Carlos Alberto Faraco, "Norma culta brasileira: desatando alguns nós", em M. Bagno (org.), *Linguística da norma* (São Paulo, Loyola, 2002, p. 37).

mais inteligentes que conheço e, para melhorar, usa essa inteligência aliada a um senso de humor imbatível. Ela consegue fazer rir com uma facilidade invejável — me lembro de uma ocasião em que, teatralmente de pé, arrancou lágrimas de umas vinte pessoas sentadas à mesa de um restaurante, lágrimas suscitadas pelo riso intenso e quase incontrolável que ela provocou em nós ao fazer uma análise engraçadíssima de uma única frase escrita nas chaves dos quartos do hotel em que estávamos todos hospedados. Tem que ser uma pessoa profundamente íntima da linguagem e de suas filigranas para fazer algo assim.

Pois nessa conversa que tivemos por telefone, em meio a um e outro caso divertido que ela narrava, Irandé também me confessava uma inquietação. Tinha escrito um novo livro, mas receava que de "novo" ele nada tivesse. Afinal, ela argumentava, essas ideias sobre o que é e o que não é gramática, o que deve ou não deve ser ensinado, em que consiste a tarefa do professor de português etc. já vêm sendo repetidas há pelo menos vinte e cinco anos por linguistas e educadores. Será que vale a pena insistir? Tanta gente boa vem debatendo isso, tantos documentos oficiais, tantos materiais elaborados para a formação docente, tantos livros e artigos já se acumulam em torno dessas questões... De que pode servir mais este livro?

Respondi argumentando que, *sim*, valia a pena publicar aquele trabalho. Antes de mais nada porque (como eu previamente já sabia, por ser dela, e pude confirmar ao ler mais tarde os originais) se trata de um livro bom de ler, deliciosamente bem escrito, sustentado não só por um conhecimento teórico sólido, mas também por um desejo sincero de comunicação direta com o leitor. (Por mais paradoxal que isso possa parecer, são poucos os linguistas que conseguem escrever de um modo minimamente interessante e agradável, como se o trato científico com a linguagem não implicasse também um bom uso dela. Só isso justificaria a publicação.) Mas o livro também merece vir a público (ou melhor, o público também merece este livro) porque aborda assuntos decerto já debatidos, mas enfrentados aqui em nova chave, na perspectiva de alguém que exerce a atividade docente há algumas décadas e conhece de perto a situação potencialmente catastrófica das salas de aula do Brasil em geral e, mais especificamente, da região Nordeste, onde Irandé nasceu, se formou e vem atuando mais intensamente (privilégio de poucos, fui aluno dela na Universidade Federal de Pernambuco). É uma professora que dialoga em pé de igualdade com outras professoras e professores, e não uma autoridade acadêmica que vem criticar o que existe sem oferecer nada em troca. O que Irandé oferece aqui é a riqueza de sua vida, um tesouro de saberes e fazeres com o qual nenhuma erudição livresca pode competir.

Com Irandé, entre outras pessoas, compartilho a militância em favor de uma educação linguística que transforme para melhor a vida das pessoas — discentes e docentes —, uma educação linguística que se concentre no que é *relevante* para a formação humana e intelectual dessas pessoas, uma educação que seja *honesta* no que propõe, sem esconder a realidade sociocultural intrinsecamente excludente que é a nossa, sem fazer a propaganda enganosa de que basta "saber gramática" para ser capaz de ler e escrever produtivamente nem de que "saber português" é garantia de "ascensão social". Esta educação linguística que opera com as noções de *relevância* e *honestidade* não pode, sob pena de contradição, insistir no ensino (isto é, na inculcação) de conteúdos inócuos, de práticas de análise estéreis e centradas em si mesmas, de construtos teóricos elaborados antes de Cristo e repudiados há bom tempo pelos empreendimentos científicos, de uma metalinguagem falha e inconsistente, quando não francamente errônea. É um crime, em todos os sentidos da palavra, desperdiçar o espaço-tempo da sala de aula — rarefeito e, portanto, precioso num país de tradição educacional paupérrima como o nosso — com "aulas de gramática", "análise sintática", "classificação dos termos da oração", com questões bizantinas e surrealistas como a da suposta distinção entre "adjunto adnominal" e "complemento nominal", com a perpetuação de um mito como o da existência da "passiva sintética", com a transmissão de noções nebulosas como a de uma "norma culta" rigidamente fixada pelos séculos amém...

Quando, em trabalho com professoras e professores em formação ou já em atuação, apontamos os defeitos, as incongruências e a franca inutilidade daquelas práticas tradicionais de ensino, a questão inevitável é: *"Então, se não é para ensinar gramática, é para fazer o quê?"* Essa é a pergunta que poderia nos imobilizar, nos fazer desistir da profissão, pendurar as chuteiras e ir cuidar do nosso jardim. Muito frequentemente (quase inexoravelmente), aquela pergunta emerge no final de encontros que temos com esses docentes, como se tudo o que dissemos antes, no curso ou na palestra, não tivesse encontrado eco em suas mentes, não tivesse provocado ondas na superfície de suas águas interiores — e é grande a nossa perplexidade, a de não termos conseguido fazer germinar sequer a semente de mostarda que, ínfima embora, já nos daria alguma boa sensação de dever cumprido.

Onde está o problema? O problema está em toda parte — decerto em nós mesmos, naquilo que dizemos-fazemos, no modo como dizemos-fazemos, e sem dúvida também naquilo que está de tal modo arraigado nas mentalidades que somente por meio da repetição incessante, insistente, paciente será possível fazer questionar para, mais tarde ainda, transformar. É o que diz nosso velho provérbio: "Água mole em pedra dura, tanto bate até que fura..." E não é por acaso que o subtítulo deste livro fala justamente das *pedras no caminho* do ensino de línguas — as pedras em que é preciso bater até se transformarem em água fresca e saudável.

Por isso, Irandé querida, este livro tem que ser *publicado*, para que ele sirva como mais uma etapa no "destrinçamento dos dizeres sociais sobre a língua", como escreveu brilhantemente nosso colega Carlos Alberto Faraco. Assim, é com enorme alegria que escrevo estas palavras de introdução a ele e de agradecimento a ti. Já aprendi muito contigo quando fui teu aluno, e aprendo ainda mais agora quando sou teu leitor privilegiado e companheiro de luta.

Introdução

O QUE PRETENDO com este livro é trazer para o debate público a questão da gramática e de seu ensino na escola. Na verdade, isso tem sido feito na mídia impressa e televisiva. Só que, em geral, nessas situações, tem-se adotado uma perspectiva baseada na correção de erros ou em questões muito pontuais, que se resolvem facilmente, com explicações gerais, simplistas, *simplificadoras* e pouco fundamentadas. Minha pretensão aqui é outra: quero que as pessoas possam ter acesso a *um olhar diferente sobre a gramática*, um olhar respaldado pela investigação das ciências da linguagem.

Infelizmente, os avanços conseguidos pelos estudos linguísticos ainda não chegaram ao grande público, nem mesmo àquele público que teve acesso ao estudo de línguas na escola. Pelo contrário, o contato com esse estudo tem repercutido de forma pouco positiva nas pessoas, no que se refere às perspectivas com que se veem a linguagem, a língua, a gramática, o vocabulário etc. Tudo se mistura numa imensa confusão, agravada pelas pressões sociais em torno do ideal de um falar correto, supostamente mais perfeito e prova de superioridade intelectual e cognitiva. E o resultado é que, quando se sai da escola, se sai muito mais confuso, com uma visão de língua deturpada, reduzida e falseada, terreno muito propício à gestação de preconceitos e de simplismos incabíveis.

A dificuldade de se propor para o grande público (e mesmo para o público letrado) o debate sobre a gramática reside também no fato de, em geral, as pessoas acreditarem que as questões linguísticas não lhes dizem respeito, "não têm nada a ver" com suas atividades profissionais, com suas relações familiares, com suas interações nos diferentes grupos sociais em que atuam. Questões linguísticas, dizem, "são questões para professores de línguas ou para gramáticos. Não nos pertencem".

Paradoxalmente, em muitas situações, essas mesmas pessoas se sentem muito à vontade para emitir opiniões sobre a língua, e, muito pior, sobre seu ensino, sobretudo quando o assunto é *ensino de gramática*.

Pretendo, portanto, desfazer aqui alguns dos equívocos que se criaram em torno da gramática, a fim de que se possa enxergar a língua com uma visão científica, livre de suposições infundadas, livre da ingenuidade dos "achismos" fáceis, que, embora sedimentados historicamente, não deixam de ser individualmente irrelevantes e redutores e, socialmente, discriminatórios, inconsistentes e excludentes.

O fato de eu me centrar nos *equívocos* tem uma motivação apenas metodológica. Quero partir das concepções do que *não é gramática* – ponto onde se situam os enganos, as falsas percepções –, para chegar à compreensão do que *ela é*, de fato, e, consequentemente, dos desdobramentos que pode ter o seu ensino. Se meu propósito é *atacar os equívocos*, quero começar por apontá-los e, a seguir apresentar, com fundamentos científicos, as razões por que podem ser considerados, exatamente, *equívocos*.

Embala-me um sonho positivo de oferecer às pessoas, mesmo parcialmente, noções de acesso a uma compreensão mais ampla, mais científica e mais relevante do que sejam os usos da linguagem na vida das pessoas. Lamentavelmente, a escola não tem propiciado a descoberta dessa amplitude e dessa relevância. E a linguagem, as questões linguísticas despertam apenas muito poucos interesses e quase nenhum fascínio.

Está fora de meus propósitos apontar aqui os culpados. Mas me interessa (e muito) focalizar os pontos onde têm origem esses equívocos, para mais facilmente podermos refazer as veredas por onde viemos construindo nossa percepção da linguagem e de seu ensino.

Para quem falo neste livro? Para os professores de línguas? Para os professores de português? Para o público em geral, ou seja, para qualquer pessoa que se preocupa (ou se inquieta) com questões de gramática e de seu ensino na escola? É. É para esse *público em geral*. Seja professor ou não; seja um profissional que lida diretamente com a linguagem (como os profissionais que escrevem, que leem, que fazem da palavra seu instrumento de trabalho) ou não; seja estudante ou não. Não importa. Queria que qualquer pessoa pudesse parar um pouco para pensar, com olhos de amplidão, nessas coisas da linguagem, da língua, da gramática.

Marcos Bagno, em nossas conversas sobre o tratamento que a linguagem recebe na escola e na mídia, muitas vezes, me sugeriu:

— Irandé, escreve um livro *para os pais dos alunos*!

Pode ter chegado a hora: e eu estou escrevendo para os pais, para os filhos, para os professores, para qualquer um que queira entender um pouco mais das coisas da linguagem, da língua e da gramática...

Já é tempo de as descobertas da linguística deixarem de estar confinadas a contextos especializados; já é tempo de... ganharem a rua.

Se este trabalho tem alguma coisa de *denúncia*, espero que tenha também muito de ***anúncio***. Anúncio do que pode ser visto noutros horizontes, do que pode ser feito por outras vias...

As reflexões que faço aqui têm raízes em todos os meus encontros com professores; de muitos Estados deste Brasil. Encontros em que tenho tido oportunidade de ouvir suas dúvidas, de sentir seus receios, de avaliar suas esperanças, de confirmar suas adesões. Encontros que têm sido, assim, para ambos os lados, terrenos de sementeira...

Como inspiração e força para esses encontros, existe também a "presença" de muitos colegas e amigos que, de diferentes formas, e em diferentes lugares, vão também realizando outros encontros, noutras sementeiras, embalados pelos mesmos ideais. Entre essas presenças, merecem uma referência muito especial os amigos Carlos Alberto Faraco, Marcos Bagno, Marcos Marcionilo, Egon de Oliveira Rangel, Ana Lima, Auxiliadora Lustosa, Izabel Pinheiro, Regina Pinheiro. Com eles, em momentos diferentes, troquei ideias e colhi sugestões. Alfredo Antunes foi o leitor particular de cada dia, uma espécie de *personal trainer* de minha ginástica reflexiva e verbal. Como imagens de fundo, dando sentido a tudo, podem ser vistos meus alunos do mestrado na Universidade Estadual do Ceará; podem ser vistos os professores e as professoras que vivem à procura de "boas sementes" para novos terrenos. Talvez, algumas possam ser encontradas aqui...

A cada um, meus agradecimentos e a vontade de dividir a última versão desse falar que eles me ajudaram a expressar.

CAPÍTULO 1

Gramática: uma área de muitos conflitos

Uma das constantes universais é a estreita relação que as pessoas mantêm com a linguagem, diante da qual alimentam crenças, fazem conjeturas, assumem posturas e atitudes. Muitas vezes, sob a inspiração de mitos e suposições fantasiosas. Poucas vezes, certamente, sob o controle da observação e da investigação científica. Daí poder-se reconhecer uma preocupação reincidente, de todas as comunidades linguísticas, com a preservação da língua, seja pelo fato de ela representar um fator de identidade cultural, seja pela condição de ela constituir o meio privilegiado de garantir a necessária interação social.

É que, de fato, o que está em jogo, numa situação de fala qualquer, é mais que a pura e simples emissão de uns sons, mesmo de uns sons que expressam significados[1]. Na verdade, por trás das vo-

1. Por muitas razões, é salutar a leitura do livro *Portos de passagem*, do Prof. Wanderley Geraldi. Chamo a atenção, em particular, para o capítulo em que o autor

zes que falamos e ouvimos, existe um mundo de cenários, de figuras, de intenções, de valores, de histórias. De agora, de ontem; do mais próximo ao mais remoto. Como diz o poeta Ferreira Gullar, em nossas vozes, pode-se ouvir todo "um tumulto", um "alarido", pois somos, especialmente pela linguagem, centelha de uma grande e ininterrupta chama, que confere sentido a tudo o que existe. As atividades que implicam o uso da língua representam, portanto, o campo em que, mais especificamente, se exercita a constituição mesma da espécie humana.

Ganha sentido, pois, o empenho de todas as culturas por garantir políticas sociais de preservação da língua, como forma de assegurar a identidade cultural das comunidades e, até mesmo, a identidade política de certos domínios. Fazer concessões linguísticas, no sentido de se aceitar, oficialmente, a presença de outras línguas em um território demarcado, pode significar o começo da perda de um domínio político.

Historicamente, há provas de que os exércitos, ao lado das fronteiras geográficas, defendem a identidade linguística dos territórios. Ou, por outras palavras, ao lado da conquista de novas terras se instala a imposição de uma *nova língua*. Não por acaso.

Em seu livro *Português ou brasileiro: um convite à pesquisa*, Marcos Bagno alude a essa aproximação e diz:

> A relação entre descobertas marítimas e elaboração das primeiras gramáticas fica nítida nesta coincidência de datas: no mesmo ano de 1492, em que Colombo descobriu a América, foi publicada a primeira gramática da língua espanhola, de autoria de Antonio Nebrija.

Nebrija assume sem rodeios a relação entre *gramática e conquista colonial* sendo suas as famosas palavras: "A língua sempre foi companheira do Império" (p. 46).

---

fala das "ações que se fazem com a linguagem". A obra de José Carlos Cunha, *Pragmática linguística e didática das línguas*, também traz valiosas contribuições para o entendimento da dimensão pragmática da língua. Na mesma linha de consideração, sugiro também a leitura de Suassuna (1995).

Como se pode concluir, o uso de determinada língua constitui mais que um fato isolado. É mais que um fato especificamente linguístico, vocal ou gráfico. É mais que um exercício prático de emissão de sinais. É um ato humano, social, político, histórico, ideológico, que tem consequências, que tem repercussões na vida de todas as pessoas. É um fato pelo qual passa a história de todos, o sentido de tudo. Parece oportuno trazer aqui as palavras de Perini (2006, p. 52), quando diz:

> Cada língua é um retrato do mundo, tomado de um ponto de vista diferente, e que revela algo não tanto sobre o próprio mundo, mas sobre a mente do ser humano. Cada língua ilustra uma das infinitas maneiras que o homem pode encontrar de entender a realidade.

Nesse quadro tão amplo, em que a língua aparece como um constitutivo da espécie humana, como recurso para o sentido que as pessoas atribuem a si mesmas, ao mundo, às coisas todas; nesse quadro, em que circunstâncias sociopolíticas da vida humana estão atreladas às atividades da interação verbal; nesse quadro, repito, tentamos identificar a ótica com que a língua tem sido vista na escola e entre o comum das pessoas.

Surpreende reconhecer quanto diferem os olhares observadores dos que fazem da língua um objeto de ciência, e os olhares míticos dos que cristalizaram verdades irrefutáveis, entre os quais, por vezes, se incluem até mesmo os olhares daqueles que assumem a tarefa pedagógica de orientar o ensino. Essa diferença de olhares se percebe, sobretudo, pelo ângulo da redução, da simplificação que os fatos linguísticos sofrem na escola quando são submetidos às atividades de um suposto ensino.

Dessa redução provêm os muitos equívocos que fortalecem os preconceitos linguísticos, que alimentam os programas irrelevantes e as práticas inadequadas de ensino, sobretudo quando se desembarca na plataforma da gramática. Pois, se são tortos os olhos com que se vê a língua, em geral, muitos mais tortos são eles quando se vê a gramática, em particular.

Os equívocos logo acima referidos cobrem uma área extensa, pois vão desde a crença ingênua de que, para se garantir eficiência nas atividades de falar, de ler e de escrever, *basta estudar gramática* (quase sempre nomenclatura gramatical), até a crença, também ingênua, de que *não é para se ensinar gramática*. A serviço de um e de outro extremo, encontramos políticas de ensino, programas de intervenção ou de orientação. Basta ver, por exemplo, a ação "vigilante e zelosa" da mídia, a qual, reforçando a crença de que "as dificuldades verbais das pessoas são dificuldades de gramática", promove uma série de *flashes* e de colunas (até mesmo na televisão e na internet), onde as "*dúvidas são inteiramente esclarecidas*", sem qualquer resquício de imprecisão ou de fluidez.

Em um e outro caso – o da gramática onipotente e o da gramática simplificada e exata – a população parece ficar acalmada, em paz com a língua, embora cega perante a imensa heterogeneidade e flexibilidade dos usos. Num faz de conta tranquilizador; mas estéril e pernicioso, pois, na hora de entender ou de escrever um texto mais complexo, "*o saber gramática*" se mostra, irremediavelmente, insuficiente.

Está evidente, pois, o caráter da gramática como *uma área de grandes conflitos*. Conflitos internos, oriundos da própria natureza dos fatos linguísticos. Conflitos externos, oriundos de fatores históricos que concorrem para a constituição dos fatos sociais (a língua é um deles; não esqueçamos).

Dessa forma, a língua não pode ser vista tão simplistamente, como uma questão, apenas, de *certo* e *errado*, ou como um conjunto de palavras que pertencem a determinada classe e que se juntam para formar frases, à volta de um sujeito e de um predicado.

A língua é muito mais que isso tudo. É parte de nós mesmos, de nossa identidade cultural, histórica, social. É por meio dela que nos socializamos, que interagimos, que desenvolvemos nosso sentimento de pertencimento a um grupo, a uma comunidade. É a língua que nos faz sentir pertencendo a um espaço. É ela que confirma nossa declaração: *Eu sou daqui*. Falar, escutar, ler, escrever reafirma, cada vez, nossa condição de *gente*, de pessoa histórica, situada em um tempo e em um espaço. Além disso, *a língua mexe com valores*. Mobiliza crenças. Institui e reforça poderes.

Por isso, anima-me, nesse momento, o interesse por ***enfocar o que é preocupante***, no que concerne à compreensão do que é a língua, do que é a gramática. Minha pretensão, portanto, é, nos capítulos que se seguirão, desfazer alguns dos equívocos com que a gramática tem sido vista, trazendo, para isso, a contraparte dos princípios científicos que podem sustentar outras visões, e, em consequência, inspirar outro tratamento escolar para os fatos gramaticais.

A partir dessas novas visões, tentarei indicar outros pontos de muito maior relevância para a eficácia discursiva do que o simples estudo da gramática e de suas nomenclaturas.

É preciso *reprogramar a mente* de professores, pais e alunos em geral, para enxergarmos na língua muito mais elementos do que simplesmente *erros e acertos de gramática e de sua terminologia*. De fato, qualquer coisa que foge um pouco do uso mais ou menos estipulado é vista como erro. As mudanças não são percebidas como "mudanças", são percebidas como erros.

A título de exemplo, gostaria de referir a experiência de uma professora que, analisando com seus alunos textos em português do século XVI, ficou surpresa ao ouvir deles que "aqueles textos estavam cheios de erros". Mais ainda: pela internet, circulou um texto com uma lista de expressões que "todos nós dizemos *de forma errada*": como "Batatinha, quando nasce, se esparrama pelo chão"; segundo o comentário, o certo deveria ser "Batatinha quando nasce, espalha a rama pelo chão". Isto é, tudo é imediata e sumariamente *tachado como erro*; de nós, uns "descuidados contumazes e incuráveis", quando se trata das questões linguísticas.

Diante desse quadro, lembro-me de uns versos de Fernando Pessoa, que, embora de poemas diferentes, se aplicam perfeitamente ao *sem sentido* de como muitas vezes a linguagem é vista na escola:

"No piano anônimo da praia
Tocam nenhuma melodia"

"Pobre ária fora de música e de voz
Tão cheia de não ser nada".

E, parafraseando Pessoa, não podemos deixar de lamentar:

*Pobre língua escolar! Tantas vezes fora de voz
e tão cheia de não ser nada!*

CAPÍTULO 2

Que gramáticas existem?

NORMALMENTE, quando as pessoas falam em *gramática*, desconhecem que podem estar falando não de uma coisa só, mas de coisas bem diferentes. Essa falsa impressão é também decorrente daquela já referida redução que os fatos linguísticos têm sofrido.

Na verdade, quando se fala em *gramática*, pode-se estar falando:

a) das regras que definem o funcionamento de determinada língua, como em: "a gramática do português"; nessa acepção, a gramática corresponde ao saber intuitivo que todo falante tem de sua própria língua, a qual tem sido chamada de "gramática internalizada";
b) das regras que definem o funcionamento de determinada norma, como em: "a gramática da norma culta", por exemplo;
c) de uma perspectiva de estudo, como em: "a gramática gerativa", "a gramática estruturalista", "a gramática funcionalis-

ta"; ou de uma tendência histórica de abordagem, como em: "a gramática tradicional", por exemplo;

d) de uma disciplina escolar, como em: "aulas de gramática";
e) de um livro, como em: "a *Gramática* de Celso Cunha".

Cada uma dessas acepções se refere a uma coisa diferente. Todas, na verdade, coexistem sem problemas, mas precisam ser percebidas nas suas particularidades, nas suas funções e nos seus limites. Vamos ver um pouquinho de cada uma, demorando-nos naquelas que mais nos interessam neste momento.

2.1. GRAMÁTICA 1: CONJUNTO DE REGRAS QUE DEFINEM O FUNCIONAMENTO DE UMA LÍNGUA

Nesse sentido, *gramática* abarca todas as regras de uso de uma língua. Envolve desde os padrões de formação das sílabas, passando por aqueles outros de formação de palavras e de suas flexões, até aqueles níveis mais complexos de distribuição e arranjo das unidades para a constituição das frases e dos períodos. Nada na língua, em nenhuma língua, escapa a essa gramática. Por isso é que se diz que não existe língua sem gramática. Nem existe gramática fora da língua. Ou, ninguém aprende uma língua para depois aprender a sua gramática. Qualquer pessoa que fala uma língua fala essa língua porque sabe a sua gramática, mesmo que não tenha consciência disso.

Como ilustração, analisemos o seguinte fato. Uma criança de 2 anos e quatro meses, ao ser interrogada se queria falar pelo telefone com a avó, respondeu prontamente:

— Quero.

Observemos que essa criança não disse "queremos", "quis", "querem", nem outra coisa qualquer que não fizesse sentido nessa situação específica. Pelo contrário, usou o verbo nas flexões de tempo, modo, pessoa e número adequadas, omitiu o pronome sujeito, omitiu o complemento do verbo, uma vez que esses elementos estavam contidos no contexto da interação. Certamente, se a pergunta tivesse sido:

— Quem quer falar com a vovó? — o garoto não teria omitido o pronome e teria respondido:

— Eu quero! — ou, simplesmente:

— Eu.

O propósito dessa simples análise é apenas tentar demonstrar como a gramática da língua, no sentido de "gramática interiorizada", de conhecimento das particularidades da gramática da língua nativa, faz parte do conjunto de saberes que as pessoas desenvolvem desde a mais tenra idade.

Se uma criança diz "minhas colegas e meus colegos", "um algodão" e "um algodinho", é porque já domina as regras morfossintáticas de indicação do masculino e do feminino, bem como as regras de indicação do aumentativo e do diminutivo em português. Ou seja, já sabe esses pontos da gramática. Da gramática geral que regula o funcionamento da sua língua: por exemplo, se a língua tem artigos, se tem preposições, se adota flexões (de número, de gênero, de grau, de tempo etc. e para que tipos de palavras), que posições as palavras podem ocupar na frase, que funções podem ser atribuídas a essas posições etc. Como lembra Scherre (2005, p. 9), "com 3 anos de idade, qualquer criança de qualquer parte do mundo se comunica com estruturas linguísticas complexas".

Mas existe a ideia simplista e ingênua de que apenas a norma culta segue uma gramática. As outras normas funcionam sem gramática. Movem-se à deriva. Ora, toda língua — em qualquer condição de uso — é regulada por uma gramática.

Quando um professor se queixa de que "os alunos chegam à 4ª série e não conhecem as regras de gramática", evidentemente, está se referindo a uma outra gramática, fora dessa primeira acepção, pois esta já se encontra consolidada. E pelo resto da vida. Quando outro professor fala na "obrigatoriedade do uso da gramática "também está falando de outra gramática. É que, nesse primeiro sentido, não se trata de obrigatoriedade. A gramática é constitutiva da língua, quer dizer: faz a língua ser o que é. Nunca pode ser uma questão de escolha, algo que pode ser ou deixar de ser obrigatório. Simplesmente, é, faz parte. Nem requer ensino formal.

Também quando alguém fala em "regras gramaticais complicadas" tem em mente outra gramática. *Não existe língua complicada para os falantes nativos de qualquer língua.* Todos sabem dizer o que querem dizer, o que precisam dizer.

Quando um professor pergunta: "O que fazer para ajudar os alunos a produzirem textos, quando eles não têm conhecimento de gramática?", demonstra que ainda não entendeu que existe uma gramática já internalizada. Certamente, a essa altura, o que mais os alunos sabem é a gramática da língua, no sentido dos seus usos reais.

Acredito que valeria a pena dizer essas coisas para os alunos; pelo menos, eles se sentiriam mais encorajados a empreender a tarefa de ampliar suas habilidades comunicativas. Seria ótimo se nós, professores, de vez em quando disséssemos: "Vocês sabiam que já sabem a gramática da nossa língua?", e demonstrássemos isso por meio de exemplos simples e ricos!

É curioso perceber que, entre a população analfabeta ou pouco letrada, não se ouve a queixa de que a "língua é difícil" ou a "gramática é complicada". Só na escola é que vão nos convencer de que "a língua é difícil" e, pior ainda, de que "não sabemos empregá-la bem"[1]. Me espanta constatar que a ideia de que "não sabemos falar português; só uns muito poucos é que sabem!" é uma das mais arraigadas, das mais inculcadas, que resiste a toda e qualquer argumentação em contrário. (Funciona como um dogma: é intocável.) Por outro lado, talvez, nem me devesse espantar, reconhecendo o lugar de origem dessa cantilena.

---

1. Vale a pena ler o livro *O português são dois...*, da autoria da professora Rosa Virgínia Mattos e Silva (ver indicações completas na bibliografia), onde, sob enfoques diversos, são tratados problemas relativos à diversidade linguística do português e a seu ensino.

Vale a pena refletir: um menino, em tenra idade, aprende facilmente uma língua. Um estudante, ao contrário, tem dificuldade em aprender "a língua" que lhe ensinam. Por quê? Vale a pena perguntar-se.

Em síntese, a gramática da língua vai sendo aprendida naturalmente, quer dizer, na própria experiência de ir fazendo tentativas, ouvindo e falando. Não há um momento especial nem uma pessoa específica destinados ao ensino dessa gramática. Ela vai sendo incorporada ao conhecimento intuitivo, pelo simples fato de a pessoa estar exposta à convivência com os outros, a atividades sociais de uso da língua, das conversas familiares às atuações mais tensas e formais. Ou seja, essa gramática está inerentemente ligada à exposição da pessoa aos usos da língua. A escola virá depois; para *ampliar*.

Todas essas considerações nos fazem lembrar o poema de Drummond, *Aula de português*, no qual aparece expressa a perplexidade de quem, na escola, se encontra frente a frente com uma língua que parece outra; bem diferente daquela que fala nas situações mais triviais do cotidiano.

Uma pausa para o poema:

Aula de português

A linguagem
Na ponta da língua
Tão fácil de falar
E de entender

A linguagem na superfície estrelada das letras
Sabe lá o que ela quer dizer?

Professor Carlos Góis, ele é quem sabe
E vai desmatando
O amazonas da minha ignorância.
Figuras de gramática, esquipáticas
Atropelam-me, aturdem-me, sequestram-me.

Já esqueci a língua em que comia
Em que pedia para ir lá fora,
Em que levava e dava pontapé.
A língua, breve língua entrecortada
Do namoro com a prima.

O português são dois; o outro, mistério.

(C. Drummond de Andrade, *Esquecer para lembrar.* Rio de Janeiro: Record, 1979).

Sem perder de todo o enleio do poema, passemos à segunda acepção do termo gramática.

2.2. Gramática 2: conjunto de normas que regulam o uso da norma culta

Nesse segundo sentido, a gramática é particularizada, ou seja, não abarca toda a realidade da língua, pois contempla apenas aqueles usos considerados aceitáveis na ótica da *língua socialmente prestigiada.* Enquadra-se, portanto, no domínio do *normativo*, o qual define o certo, o como deve ser da língua e, por oposição, aponta o *errado, o como não deve ser dito.*

Tais definições não são feitas por razões propriamente linguísticas, quer dizer, por razões internas à própria língua. São feitas por razões históricas, por convenções sociais, que determinam o que representa ou não o falar social mais aceito. Daí por que não existem *usos linguisticamente melhores* ou *mais certos que outros*; existem *usos que ganharam mais aceitação, mais prestígio que outros*, por razões puramente sociais, advindas, inclusive, do poder econômico e político da comunidade que adota esses usos. Dessa forma, não é por acaso que *a fala errada* seja exatamente *a fala da classe social que não tem prestígio nem poder político e econômico.*

Esse cruzamento de domínios torna, portanto, a questão da norma culta um saco de muitos gatos, um ponto bastante complexo, que exige estudo, análise, reflexão e debate consistentes, dentro e fora da escola, para que as inúmeras incompreensões que rondam sua conceituação possam ser ultrapassadas.

No percurso deste livro, o tema da norma culta e de seu ensino será retomado no capítulo 7 e, de certa forma, ao final de cada capítulo, no tópico que intitulei de *Implicações para o ensino*, com a pretensão de analisar as repercussões que novas concepções de gramática podem ter nas atividades de ensino.

Portanto, intencionalmente, não me alongo aqui com a discussão sobre norma culta e suas relações com a gramática e o ensino, uma vez que a esses tópicos dedico mais adiante capítulos e segmentos específicos.

Uma terceira acepção para o termo *gramática* pode ser vista a seguir.

2.3. Gramática 3: uma perspectiva de estudo dos fatos da linguagem

O termo *gramática* também é usado para designar uma perspectiva científica ou um método de investigação sobre as línguas. Ao longo dos estudos sobre a linguagem, diferentes perspectivas se sucederam, umas mais centradas na língua como sistema em potencial, como conjunto de signos à disposição dos falantes, outras mais voltadas para os usos reais que os interlocutores fazem da língua, nas diferentes situações sociais de interação verbal. É por essas perspectivas que se fala, por exemplo, em "gramática estruturalista", "gramática gerativa", "gramática funcionalista", "gramática tradicional" etc.

Cada uma apresenta um corpo de teorias, que justificam um tipo de apreensão, observação e análise do fenômeno linguístico. Representam, assim, visões históricas da percepção que se tem acerca da linguagem e da língua, visões que, em geral, retratam a ótica comum a outros setores da vida humana.

Ou seja, a ciência da linguagem também está em sintonia com as correntes de pensamento mais significativas em cada época, de maneira que se pode ver, por trás de qualquer estudo da linguagem, um aparato teórico que se conjuga com as visões de mundo a partir das quais as coisas são observadas e, consequentemente, exploradas e tratadas.

Numa quarta acepção, o termo *gramática* diminui de alcance, pois corresponde a uma específica matéria de ensino escolar.

2.4. Gramática 4: uma disciplina de estudo

Possivelmente, o termo *gramática* tem, nessa acepção, o maior índice de uso, pelo menos nos meios escolares. É ele que está por trás das famosas aulas de gramática e que constitui, em geral, a grande dor de cabeça da comunidade escolar, dos professores e técnicos, da comunidade extraescolar (pais, sobretudo) e, até mesmo, dos próprios alunos mais adiantados, que "aprenderam muito bem as lições de anos anteriores", pois só acreditam que estão estudando a língua se a disciplina gramática estiver no começo, no meio e no fim de todos os programas de estudo.

É tal a ênfase nessa disciplina que, de uns anos para cá, até mereceu uma carga horária especial, separada das aulas de redação e de literatura, como se redigir um texto ou ler literatura fossem coisa que se pudesse fazer sem gramática; ou como se saber gramática tivesse alguma serventia fora das atividades de comunicação.

Essas inconsistências parecem pouco significativas, mas têm repercussões múltiplas nas concepções sobre gramática e nas práticas de seu ensino. Todas perniciosas. Assim, é urgente discutir os pontos cruciais que sustentam sua improcedência teórica ou conceitual. Por isso, oportunamente, vamos voltar, muitas vezes, a esse *nó da gramática* como disciplina escolar – é o tema deste livro. Interessa a todos, acredito.

Uma última acepção de *gramática* pode ser vista a seguir:

2.5. Gramática 5: um compêndio descritivo-normativo sobre a língua

Em princípio, a descrição do funcionamento da língua — da fonética à estilística — toma corpo em um livro, em um compêndio que conhecemos como *Gramática*. Em geral, essa gramática pode adotar uma perspectiva mais descritiva ou mais prescritiva.

No primeiro caso, temos uma gramática que focaliza elementos da estrutura da língua, descrevendo-os apenas ou apresentando-os em suas especificidades. No segundo caso, temos uma gramática que focaliza as hipóteses do uso considerado padrão, fixando-se, assim, no conjunto de regras que marcam o que se considera como uso correto da língua.

Mas um compêndio de gramática também pode focalizar a língua como sistema em potencial, descontextualizado, como pode focalizar a língua nos seus usos reais, testemunhados pelas situações da interação social. Pode ainda ressaltar os aspectos de flexibilidade, de heterogeneidade da língua, como pode enfatizar a rigidez de algumas de suas regras ou formas. Pode concentrar-se no escrito como pode concentrar-se no oral ou em ambas as modalidades. De maneira geral, aqui no Brasil, as gramáticas do português têm concedido uma ênfase especial à modalidade escrita da língua, sobretudo da escrita literária e, mais ultimamente, da escrita usada na imprensa[3].

De qualquer forma, as gramáticas nunca são neutras, inocentes; nunca são apolíticas, portanto. Optar por uma delas é, sempre, optar por determinada visão de língua. As gramáticas também (é bom lembrar) são produtos intelectuais, são livros escritos por seres humanos, sujeitos, portanto, a falhas, imprecisões, esquecimentos

3. Merece grande destaque a obra *Gramática de usos do português*, de Maria Helena de Moura Neves, a qual tem como referência "a língua viva", ou, concretamente, os usos atuais da língua portuguesa no Brasil. A partir desses usos, a autora vai descrevendo e analisando as regras que regem seu funcionamento.

além, é claro, de vinculados a crenças e ideologias. Por isso, não faz sentido reverenciar as gramáticas como se nelas houvesse alguma espécie de verdade absoluta e eterna sobre a língua — são produtos humanos, como outros quaisquer[4].

4. Vários conceitos de gramática também podem ser vistos em Travaglia (1996), bem como as relações entre tais conceitos e o ensino, o que propiciou a consideração da variação linguística e suas implicações no âmbito do ensino da língua materna. Aliás, quero já adiantar que essa obra de Travaglia e outra publicada em 2003 oferecem valiosas indicações de muitas atividades que podem ser realizadas em sala de aula, evidenciando-se, assim, o cuidado dos pesquisadores por mostrar aos professores como encontrar saídas para reorientar o ensino da gramática. Ou seja, já se pode dizer que aos professores é indicado o que "podem fazer em sala de aula".

CAPÍTULO 3

A urgência de explorar a gramática sem equívocos

OS FATOS LINGUÍSTICOS sempre estiveram misturados à história dos povos, a seus esforços de expansão e dominação territorial e política, a suas lutas pela hegemonia cultural, a seus intentos proselitistas, a suas necessidades retóricas; enfim, as línguas foram recebendo tratamentos diversos, conforme as também diversas condições sociais e políticas dos grupos, que as tinham como marca de sua identidade.

Não estranha, portanto, que, historicamente, as questões linguísticas tenham servido a interesses muito diversos e, de acordo com esses interesses, tenham sido vistas em óticas bastante diferentes. "Toda língua são rastros de velhos mistérios", lembra Guimarães Rosa.

Se isso é verdade, considerando-se a língua como um todo, é mais verdade ainda entre nós, ocidentais, em relação à gramática, em geral. De fato, herdamos dos gregos a concepção da gramática, em todas as acepções, como uma força controladora que preserva a língua contra as possíveis ameaças de desaparecimento ou até mesmo de declínio, seja pela ação de invasores, seja pela ação dos próprios membros da comunidade de falantes.

Na verdade, as pessoas sempre sentiram certa compulsão para defender a integridade de sua língua. Ou, de acordo com certas visões, sua pureza ou seu poder de argumentação. Nada mais apropriado para esses intentos do que a compilação de gramáticas, que estabelecessem paradigmas, modelos, normas, capazes de garantir a manutenção da identidade linguística.

Noutras palavras, se fez necessário, para as comunidades de falantes, *um instrumento de controle* – a gramática normativa – que disciplinasse o fluxo da própria língua, garantindo sua sobrevivência ou aperfeiçoando suas potencialidades de uso em função dos efeitos retóricos pretendidos.

Nesse quadro, a criação de paradigmas e modelos em gramáticas foi assumindo feições próprias e constituindo uma garantia de vida e de sucesso para as línguas, sem nunca se ter ausentado totalmente. Nem mesmo quando já não eram tão evidentes as ameaças de desaparecimento ou de descaracterização de seus usos mais modelares.

Em suma, foi sendo atribuído aos compêndios de gramática um papel de instrumento controlador da língua, ao qual caberia conduzir o comportamento verbal dos usuários, pela imposição de modelos ou de padrões. Essa visão de gramática se consolidou tão fortemente que chegou a abafar qualquer outra concepção menos diretiva, como aquela da gramática internalizada por todos os falantes.

Mas não foi apenas a função de controle atribuída à gramática que fez com que os estudiosos – filósofos e filólogos – se interessassem por ela. Sob ângulos bem diferentes, as pessoas sempre se mostraram curiosas para entenderem a suprema prerrogativa da linguagem humana, e isso também motivou o interesse pelo aparecimento de gramáticas, nas quais se tentasse explicitar os mecanismos subjacentes à atividade verbal.

A encruzilhada de fatores tão complexos, historicamente submetidos a interesses políticos, econômicos e sociais diferentes, resultou numa série de concepções e, com o passar dos séculos, deu ensejo à *formação de alguns equívocos* acerca do que *é a gramática* e, consequentemente, *daquilo que deve constituir seu ensino.*

Com uma formulação mais ou menos igual, muitos outros pesquisadores têm reconhecido a existência desses equívocos, como Possenti (1996, pp. 32-33):

> No dia em que as escolas se dessem conta de que estão ensinando aos alunos o que eles já sabem, e que é em grande parte por isso que falta tempo para ensinar o que eles não sabem, poderia ocorrer uma verdadeira revolução. Para verificar o quanto ensinamos coisas que os alunos já sabem, poderíamos fazer o seguinte teste: ouvir o que os alunos do primeiro ano dizem nos recreios (ou durante nossas aulas), para verificar se já sabem ou não fazer frases completas (e então não precisaríamos fazer exercícios de completar), se já dizem ou não períodos compostos (e não precisaríamos mais imaginar que temos que começar a ensiná-los a ler apenas com frases curtas e idiotas), se eles sabem brincar na língua do "pê" (talvez então não seja necessário fazer tantos exercícios de divisão silábica), se já fazem perguntas, afirmações, negações e exclamações (então, não precisamos mais ensinar isso a eles), e assim quase ao infinito. Sobrariam apenas coisas inteligentes para fazer na aula, como ler e escrever, discutir e reescrever, reler e reescrever mais, para escrever e ler de forma sempre mais sofisticada etc.

De fato, os equívocos em torno das questões gramaticais e de seu ensino são muitos. Mas seria muita pretensão de minha parte querer dar conta aqui de todos eles.

Vou restringir-me, assim, àqueles que me parecem mais recorrentes e com repercussões mais sérias para as atividades de ensino, tais como as crenças de que:

- língua e gramática são a mesma coisa;
- basta saber gramática para falar, ler e escrever com sucesso;
- explorar nomenclaturas e classificações é estudar gramática;
- a norma prestigiada é a única linguisticamente válida;
- toda atuação verbal tem que se pautar pela norma prestigiada;
- o respaldo para a aceitação de um novo padrão gramatical está prioritariamente nos manuais de gramática.

Na intenção de contribuir para que se desfaçam alguns desses equívocos e se possa, assim, definir objetivos de ensino mais relevantes e consistentes, passo a comentar cada um deles, nos capítulos que se seguem, e a apresentar razões que justificam seu caráter de concepção reducionista e deturpada, mesmo assim, tão teimosamente acatado.

À medida que tento desfazer cada equívoco, focalizo o ensino específico da língua, a fim de mostrar como, de outras concepções, podem resultar práticas pedagógicas bem mais relevantes e produtivas; tanto do ponto de vista do desenvolvimento das capacidades de cada um, como do ponto de vista da inserção do sujeito no grupo social onde ele exerce sua condição política de pessoa e de cidadão.

CAPÍTULO 4

Língua e gramática não são a mesma coisa

A CONCEPÇÃO de que *língua e gramática são uma coisa só deriva* do fato de, ingenuamente, se acreditar que a língua é constituída de um único componente: a gramática. Por essa ótica, saber uma língua equivale a saber sua gramática; ou, por outro lado, saber a gramática de uma língua equivale a dominar totalmente essa língua. É o que se revela, por exemplo, na fala das pessoas quando dizem que "alguém não sabe falar". Na verdade, essas pessoas estão querendo dizer que esse alguém "não sabe falar de acordo com a gramática da suposta norma culta". Para essas pessoas, língua e gramática se equivalem. Uma esgota totalmente a outra. Uma preenche inteiramente a outra. Nenhuma é mais que a outra.

Na mesma linha de raciocínio, consolida-se a crença de que *o estudo de uma língua é o estudo de sua gramática.*

Cecília Meireles descreve, numa crônica, toda a sua ansiedade por entrar em um curso de inglês, para logo poder ler as obras de poetas ingleses a que gostaria de ter acesso. Essa ansiedade foi duplamente frustrada, conta Cecília, quando, por duas vezes sucessivas, a experiência que encontrou foram professoras solícitas em ensinar ao grupo de alunos a conjugação do verbo *to be*. E o acesso à língua para ler os poemas foi adiado.

Ora, a língua, por ser uma *atividade interativa, direcionada para a comunicação social*, supõe *outros componentes além da gramática*, todos, relevantes, cada um constitutivo à sua maneira e em interação com os outros. De maneira que uma língua é uma entidade complexa, um conjunto de subsistemas que se integram e interdependem irremediavelmente. Se não, vejamos.

Uma língua é constituída de dois componentes:

1. um léxico	— que inclui *o conjunto de palavras*, ou, em termos mais correntes, o vocabulário da língua;
2. uma gramática	— que inclui as *regras para construir palavras e sentenças da língua.*

Ocorre que esses dois componentes estão em íntima inter-relação; estão em permanente entrecruzamento; tanto que o componente da gramática inclui regras que especificam a criação de novas unidades do léxico ou sua adaptação às especificidades morfológicas da língua, pela mobilização de seu estoque de radicais, prefixos e sufixos.

Mas ocorre, ainda, que uma língua é mais que um sistema em potencial, em disponibilidade. Supõe um uso, supõe *a atualização concreta* — datada e situada — em interações complexas que, necessariamente, compreendem:

3. a composição de textos	— que inclui recursos de textualização;
4. uma situação de interação	— que inclui normas sociais de atuação.

Dessa forma, a língua apresenta mais de um componente (léxico e gramática) e seu uso está sujeito a diferentes tipos de regras e normas (regras de textualização e normas sociais de atuação). Restringir-se, pois, à sua gramática é limitar-se a um de seus componentes apenas. É perder de vista sua totalidade e falsear a compreensão de suas múltiplas determinações.

4.1. Língua e gramática

Por esse conjunto de considerações, fica claro que a gramática da língua tem *funções*. A ela cabe especificar, desde a formação de palavras até a formação de frases, determinando quais as combinações de palavras impostas ou opcionais, qual a ordem possível para cada função dos termos. Enfim, toda a cadeia de itens que constrói uma frase ou um período está prevista pelas regras da gramática da língua (aquela gramática 1 de que falei no capítulo 2).

No entanto, se *a gramática* tem essa *função regularizadora, tem também limites*, como se pode depreender do esquema apresentado acima. Quer dizer, a gramática regula *muito*, mas não regula *tudo*. Nem todas as prescrições cabem no seu domínio. Muitas das normas que definem o uso adequado e relevante da linguagem extrapolam seu conjunto de regras.

Para ser eficaz comunicativamente, não basta, portanto, saber ***apenas*** as regras específicas da gramática, das diferentes classes de palavras, suas flexões, suas combinações possíveis, a ordem de sua colocação nas frases, seus casos de concordância, entre outras. Tudo isso *é necessário*, mas *não é suficiente*.

Ingenuamente, a gramática foi posta num pedestal e se atribuiu a ela um papel quase de onipotência frente àquilo que precisamos saber para enfrentar os desafios de uma interação eficaz. E daí vieram as distorções: a fixação no estudo da gramática, como se ela bastasse, como se nada mais fosse necessário para ser eficaz nas atividades de linguagem verbal.

Na verdade, esse equívoco ainda se torna mais sério, quando se supõe que existe uma gramática apenas para a língua toda. Numa perspectiva da língua como atividade sociointerativa, essa suposição é insustentável. De certa forma e em muitos aspectos, é preciso uma "gramática" para cada tipo de situação, para cada tipo de discurso. Vale acrescentar, portanto, que, se língua e gramática não se equivalem, muito menos se equivalem língua e gramática normativa, pois esta corresponde apenas a uma parte daquela gramática de base, internalizada por todo falante.

4.2. Língua e léxico

Na prática, nós nos esquecemos de que uma língua, além de uma gramática, tem também *um léxico*, quer dizer, um conjunto relativamente extenso de palavras, à disposição dos falantes, as quais constituem as unidades de base com que construímos o sentido de nossos enunciados.

Fundamental, tanto quanto a gramática de uma língua, é seu léxico. Nele estão expressas, para cada época, as marcas das visões de mundo que os falantes alimentam, ou os traços que indicam seus ângulos de percepção das coisas. Não à toa a história do percurso das palavras de uma língua se confunde com a história do percurso dessa língua. Nenhuma palavra nova se forma ou é introduzida aleatoriamente em qualquer língua.

Dessa forma, ganha sentido afirmar que o léxico é mais do que uma lista de palavras à disposição dos falantes. É mais do que um repertório de unidades. É um depositário dos recortes com que cada comunidade vê o mundo, as coisas que a cercam, o sentido de tudo. Por isso é que o léxico expressa, magistralmente, a função da língua como elemento que confere às pessoas identidade: como indivíduo e como membro pertencente a um grupo. Millôr Fernandes radicalizou esse poder de significação do léxico quando disse: "O que os olhos não veem, a língua inventa" (Millôr, 1994, p. 285).

No âmbito da interação verbal, concretamente nos textos que elaboramos, o léxico recobre diferentes funções. Como unidades de sentido, as palavras constituem as peças com que se vai tecendo a rede de significados do texto. São elas que vão materializando, mediando as intenções do nosso dizer.

Como unidades de sentido, ainda, funcionam como elos de amarração de subpartes do texto. São unidades dos nexos com que se constrói a cadeia do texto. Isto é, falamos com palavras, com o léxico da língua, organizado, nos textos, em combinações, em cadeias, em sequências, conforme as regras previstas pela gramática e pela coesão e coerência textuais. Na verdade, é o conjunto – léxico e gramática –, materializado em textos, que permite a atividade significativa de nossas atuações verbais.

O componente lexical também conta significativamente para se definir e reconhecer os usos socialmente prestigiados da língua. Talvez conte mais do que o padrão gramatical. De fato, comumente, as variações lexicais estigmatizadas (por exemplo, "muié", "trabaiá", "estauta", "ceuveja", "sastifação") causam mais impacto do que outras de natureza gramatical, algumas das quais até passam despercebidas.

Ao contrário, em um contexto mais formal, dizer "unidade prisional" por "cadeia"; "grande densidade pluviométrica" por "muita chuva"; "redução da maioridade penal" por "atribuição de culpa a menores de 18 anos", para citar apenas esses exemplos, parece repercutir muito positivamente. Ou seja, certa ampliação lexical também é marca de um uso prestigiador da língua e, consequentemente, do falante.

Mais do que pelo prestígio que confere, a ampliação vocabular é relevante devido às possibilidades cognitivo-comunicativas que implica. De fato, um vocabulário mais amplo constitui uma via de acesso a muitas informações ou à matéria-prima com que se cria e se expressa todo o complexo de nossa atividade verbal. Garcia (1977, p. 143) lembra que:

> dispondo de palavras suficientes e adequadas à expressão do pensamento de maneira clara, fiel e precisa, estamos em melhores condições de assimilar conceitos, de refletir, de escolher, de julgar, do que outros cujo acervo léxico seja insuficiente ou medíocre para a tarefa vital da comunicação.

Não tem cabimento considerar que a gramática é a língua, ou que toda a língua é constituída apenas de gramática.

Esse equívoco persiste e tem submetido a escola a um tratamento da língua excessivamente centrado em definições, classificações e exercícios em torno das classes gramaticais. Tal tendência de ensino da língua foi atestada numa pesquisa já divulgada (ver Neves, 1990). De fato, os professores, interpelados sobre que tipos de exercícios de gramática solicitam de seus alunos, demonstraram, em sua maioria, que dão preferência a exercícios de reconhecimento de classes de palavras e das funções sintáticas exercidas por essas palavras.

Como se vê, está enraizada aí, nessa preferência, a convicção de que a exploração da gramática representa o ponto central, o ponto para onde devem convergir as atividades de ensino.

Comprova-se, assim, a relevância do que agora sintetizo como expressão desse primeiro equívoco: ***língua e gramática não se equivalem e, por isso, o ensino de línguas não pode constituir-se apenas de lições de gramática.***

4.3. Implicações para o ensino

Se aceitarmos que a língua se constitui muito mais do que apenas de uma gramática, é natural que nos interessemos também por descobrir, por analisar, com igual empenho:

— primeiro, questões relativas a seu léxico;
— segundo, questões relativas à sua realização em textos;
— terceiro, questões relativas às condições sociais da produção e da circulação desses textos.

Nessa perspectiva — e tentando deixar explícito que outras descobertas podemos empreender, além da gramática (ou dentro da gramática, mas com visões mais amplas) — quero lembrar alguns pontos. Vejamos:

- Todo falante, para ser eficaz, precisa saber, em cada situação, *que tipo de vocabulário empregar* (vocabulário técnico, especializado, fora do usual, comum, literal, metafórico, coloquial). Logo, atividades de exploração das variedades lexicais são bastante significativas, com ênfase, é claro, na ampliação do repertório disponível. Para isso, deve-se ir além das listas de *sinônimos* e incluir, na sequência dos textos, a exploração de *antônimos*, de *palavras de sentido afim* (ou semanticamente contíguas); de *hiperônimos* (palavras de sentido geral ou "nomes de classes de seres", como "animal", "produto", "elemento", "item" e, o mais geral de todos: "coisa"); de *partônimos* (nomes que designam membros de uma série ou que expressam a relação de "parte"/"todo", como "igreja/torre"; "casa/porta"; "livro/sumário", entre tantos outros). Muitos estudos têm mostrado o quanto essas diferentes categorias de palavras podem funcionar como nexos de uma ou mais cadeias coesivas, contribuindo significativamente para promover a articulação do texto. Deve-se procurar, ainda, reconhecer os "contextos" onde esses tipos de palavras mais tipicamente ocorrem; deve-se até mesmo listar, a partir do exame de textos, alguns contextos mais representativos de cada um de seus usos. Em geral, os exercícios de exploração do vocabulário têm-se limitado à tática de apenas substituir uma palavra por outra, em frases soltas, atividade que não evidencia as funções do léxico na construção da continuidade do texto, como ficou demonstrado nos estudos sobre coesão e coerência (cf. Antunes, 2005). No que concerne ao léxico, vale lembrar também que o fundamental não é expor os diferentes processos de formação de palavras, para que o aluno saiba reconhecer depois que tal palavra foi formada por aglutinação ou justaposição, por exemplo. Isso é ficar nas classificações, como venho reiterando. O fundamental é explorar *o espírito do processo de formação de palavras*. Quer dizer, explorar a possibilidade do léxico de abrir-se indefinidamente à incorporação de novas palavras, criadas no interior da língua ou trazidas de fora; adaptadas ou ressignificadas. Tudo isso abordado de maneira tal que o falante se sinta, ele próprio, fazendo parte desse processo de criação, tendo a possibilidade de participar da *vida do léxico*. A impressão que dá, muitas vezes, é que se ensina uma língua que parece não ter nada a ver conosco, com o que a gente faz no dia a dia, com o que a gente diz, escreve, pensa, canta etc. Uma língua que não nos pertence, que está e é fora de nós. Da qual apenas se ouve falar. Portanto, ressalto mais uma vez, *construir ou entender um texto não é apenas uma questão de gramática.*

◗ É importante que se saiba ainda que tipos de *sequências textuais* adotar (se narrativas, descritivas, expositivas, argumentativas). Cada uma dessas sequências prevê recursos lexicais e gramaticais apropriados, como o uso dos diferentes tempos e modos verbais, por exemplo, que, por essas vias, precisam ser analisados e entendidos.

◗ Tem relevância também saber que *gênero de texto* é mais adequado à situação de interação em foco[1]. Em geral, as propostas para produção de texto não especificam o gênero a ser produzido pelo aluno. Se limitam a dizer: "Fale sobre..."; "Faça uma redação sobre..."; "Crie um pequeno texto..." Seria mais significativo indicar, explicitamente, o gênero de texto a ser produzido e, assim, solicitar aos alunos: "Façam uma *carta*..."; "Escrevam um *aviso*..."; "Façam *um comentário*..."; "Apresentem uma *justificativa*..."; "Façam um *relatório*..."; "Façam uma *declaração* ..."; "Criem uma *história*..." etc. Aliás, é assim que nos referimos às atividades de linguagem que realizamos durante o dia. Ninguém diz:

— Recebi um texto.

Mas todos dizemos:

— *Recebi uma carta, um telegrama, um e-mail;*

---

1. A propósito do tema "gêneros textuais", convém ter em conta que cresce o interesse por pesquisas nessa área e que, por isso mesmo, já existe no Brasil um bom número de trabalhos, a maioria deles relacionando "gênero" e "ensino". Para citar apenas alguns desses trabalhos, lembro Meurer & Motta-Roth (orgs.) (2002); Dionísio, Machado & Bezerra (orgs.) (2010); Koch (2002); Meurer, Bonini & Motta-Roth (orgs.) (2005), Marcuschi (2008).

— *Li um anúncio, um artigo, um editorial;*
— *Fiz um comentário;*
— *Dei um parecer, uma entrevista etc.*

O fato de indicar de que gênero se trata já implica a consciência de uma diferenciação formal e funcional.

- É imprescindível ainda saber como *cada gênero* de texto se compõe; ou seja, quais as partes que o constituem e em que ordem tais partes devem aparecer; que grau de *flexibilidade* essa composição aceita, isto é, quais partes são obrigatórias e quais são opcionais. Por exemplo, se se trata de uma carta ou de uma história, quais as partes ou os blocos esperados e em que ordem eles devem aparecer.

- Todo falante, para ser eficaz, repito, precisa saber quem é ou quem são seus *interlocutores* e aquilo que se pode prever como já sabido por eles, quais seus interesses e, portanto, qual a sua disposição para participar da interação em foco.

- Precisa saber ainda em que *modalidade* (oral ou escrita) convém se expressar em determinada situação. Há momentos em que a fala é mais recomendável; outros, em que a escrita se impõe (ou é imposta, pela instituição, como o caso dos ofícios, por exemplo).

- E o que dizer? Todos nós escrevemos mal se nos faltam ideias ou informações sobre o que falar. Por isso, é relevante o cuidado da escola em promover leituras, consultas, debates, discussões sobre temas diferentes, respondendo, assim, à necessidade de deixar os alunos em condições de *terem o que dizer.*

- É fundamental também saber qual o *registro* mais apropriado (o formal ou o informal — que admitem certa escala de graus). A qualidade de um texto depende muito da adequação entre a situação e o registro usado. Há contextos em que só cabe o registro formal (uma carta ao prefeito da cidade, um debate ou uma conferência, por exemplo); há outros, em que seria ridículo fugir ao registro informal (um bilhete a um colega de turma, por exemplo). Não me parece serem comuns as situações em que a escola providencie a análise e a exploração de diferentes tipos de registro. Qualquer um parece bem, desde que o texto não apresente "erros de gramática". No caso de formar frases soltas, é mais indiferente ainda o tipo de registro: não há uma situação social que possa servir de parâmetro.

◗ É preciso ainda que se saiba que *objetivos* ou *propósitos* comunicativos se pretende alcançar com a atividade verbal, ou *para que se vai escrever ou falar* em determinada oportunidade. Por exemplo, uma coisa é escrever um texto com a finalidade apenas de apresentar um produto, uma coleção de livros, por exemplo; esse texto será predominantemente descritivo. Bem diferente é escrever um texto com o objetivo de recomendar um livro ou de desclassificá-lo; é natural que, então, ultrapassemos o teor descritivo para chegarmos à argumentação propriamente. Essa diferença já deve aparecer sinalizada desde o começo do texto; normalmente, já se deve mostrar aí que direção o discurso vai assumir: se favorável, se contra. Agora, vejamos: que condições o aluno tem de desenvolver um bom texto, a partir de um comando do tipo: "Crie um pequeno texto com linguagem conotativa e linguagem denotativa"? Primeiramente, vale comentar: qual é o texto que não apresenta os dois tipos de linguagem? Depois, com que finalidade o texto deve ser escrito; ou seja, para quê? Como se pode saber se ele está bom ou não sem a ciência desses pontos? O aluno que apenas se submete a esse tipo de escrita não pode desenvolver uma competência comunicativa relevante. (Mas que não seja – sozinho – culpado por isso!)

◗ Para ter a necessária competência comunicativa, todo usuário precisa saber que *ideias, informações* ou *dados* podem ser supostos como *já sabidos*, para, em função disso, *não dizer nem mais nem menos* do que precisa ser dito. É importante que nem se caia em obviedades nem se deixe de dizer o que é imprescindível ser dito.

◗ Com base no repertório de informações, o usuário deve saber que *pontos selecionar* e, dentre eles, o que *focalizar*. Nem tudo o que se quer dizer tem a mesma importância. É conveniente, portanto, que o aprendiz se exercite na habilidade de discernir que ponto deve receber mais atenção ou ser enfatizado. Deve, inclusive, conhecer os recursos — lexicais, gramaticais e gráficos — que a língua oferece para expressar essas intenções de primazia ou de ênfase. Até mesmo um sublinhado ou a repetição de uma palavra podem funcionar como recursos para chamar a atenção do leitor.

- É importante que se saiba ainda que *postura* adotar frente ao que é dito (se convém ser taxativo ou complacente, reticente ou categórico, ostensivo ou velado, franco ou dissimulado ou irônico etc.). Este item tem a ver com outros apresentados anteriormente, como, por exemplo, o da direção argumentativa que se pretende emprestar ao discurso ou o do tipo de interlocutor em ação.

- Não se pode deixar de saber que *recursos de coesão* empregar para garantir a continuidade do texto. Nem todo texto requer o mesmo número ou os mesmos tipos de nexos coesivos. Vale a pena explorar que recursos são esses e analisar seu uso em diferentes gêneros de texto. Nesse âmbito da coesão, é de grande significação o estudo dos pronomes e dos procedimentos de substituição a que eles se prestam. É de grande significação também o estudo das conjunções, não naquele esquema simplista de classificação apenas; mas, analisando, em textos, como seu uso estabelece (e indica!) os diferentes tipos de relações semânticas pretendidas. Normalmente, os textos de certa extensão apresentam conjunções, ou locuções conjuntivas, que expressam relações de oposição (adversativas e concessivas), de causa-consequência (causais, consecutivas, condicionais), de finalidade, de conclusão, de adição, entre outras. O que vale, neste setor, é explorar os tipos de relações semânticas e que partes do texto elas põem em junção (cf. Antunes, 2005). Os exercícios, puros e simples, de classificação das orações muito pouco acrescentam à competência comunicativa do falante. Ao contrário, conhecer aquelas relações semânticas e sua função no estabelecimento da coesão do texto é de inteira significação para a atividade discursiva. Vale a pena acrescentar que as relações aqui em foco também podem ser conseguidas pelo uso de uma outra palavra que não, necessariamente, uma conjunção. Por exemplo, uma relação de causa-consequência entre dois segmentos pode ser conseguida pelo uso de uma expressão como *em decorrência de*; *resultante de*; *provocada por*, e assim por diante. Explorar tais possibilidades seria positivo, pois proporcionaria ao aluno a oportunidade de perceber como existem diferentes recursos disponíveis para se conseguir os mesmos efeitos discursivos e, dessa forma, se estaria contribuindo para que a língua fosse vista como uma coisa maleável, versátil, sujeita a efeitos especiais, por vontade do falante. A língua "engessada" das formas únicas não teria vez. Em suma, *a exploração para além das nomenclaturas e das classificações gramaticais é de grande enriquecimento para o desenvolvimento de habilidades discursivas*. Creio que, por essa via, teria bem menos sentido a dúvida: *para que serve o estudo da língua?*

◗ A eficácia do discurso requer também que se saiba que *relações* estabelecer, que *integrações* operar, de maneira a garantir a *unidade*, a harmonia ou a coerência. Os textos, sobretudo os textos maiores, são construídos por meio de diversos segmentos (blocos, tópicos, subtópicos, parágrafos, períodos etc.) que devem estar articulados — uma parte integrada à outra — de forma a constituírem uma unidade de sentido e de intenção. É por essa dimensão de unidade do texto que podemos reconhecer seu tema, sua finalidade e podemos, ainda, resumi-lo. Podemos, inclusive, dar-lhe um título, expressão máxima dessa sua unidade. A propósito, muito trabalho significativo — de análise e de aplicação — poderia ser feito nas aulas de línguas acerca da exigência de *se dar um título a um texto*. Se poderia explorar, por exemplo, que *tipos de título*, para diferentes gêneros, para diferentes funções de texto, para diferentes interlocutores, para diferentes suportes de texto etc.

◗ Todo usuário, enfim, precisa saber o que incorporar, explícita e implicitamente, de *outros textos*. Quer dizer, precisa saber recorrer à intertextualidade. Uma prática bastante comum, quando falamos ou escrevemos, é referir-nos a coisas que outros disseram, ou citar trechos de autores que, por diferentes motivos, cremos que valem ser citados. Nossos textos estão sempre ancorados na palavra que antecedeu a nossa, mesmo que não tenhamos consciência disso.

Saber explicitar essa palavra anterior, ou até mesmo apenas sugerir uma alusão a ela, representa uma habilidade comunicativa bastante relevante. Nas aulas de redação, são triviais as recomendações para que os alunos evitem incluir segmentos de outros textos. Uma orientação mais acertada seria sair da generalização — "Evite incluir trechos de outros textos" — para especificar que tipos de citação são permitidos e até recomendáveis nesta ou naquela situação particular. Se poderia, inclusive, ensinar como se faz uma citação, uma paráfrase de outro texto. Até mesmo os trechos que poderiam ser vistos como "do lugar comum", os provérbios ou as expressões cristalizadas, por exemplo, podem ter uma aplicação significativa. Tudo depende da situação. No mundo do texto, predomina o heterogêneo, a diversidade; ou melhor, predomina o conflito entre o sistemático e o provisório. Quem decide é quem está no comando: as pessoas em interação.

O problema central dos cursos de línguas — materna e estrangeiras — está longe de ser *não ensinar gramática. É, antes, não ensinar* ***apenas*** *gramática*; e, muito mais, *é não ensinar apenas nomenclatura e classificação gramatical*. Portanto, não se está propondo *menos*. Pelo contrário, se está pretendendo *muito mais*.

Em geral, pouco se explicita na escola o conjunto de normas textuais e sociais de uso da língua. Isto é, muito pouco se mostra "como tal coisa deve ou pode ser dita" e em que situação. Não se pode esperar que o falante descubra sozinho um conjunto tão complexo e tão heterogêneo de regras e normas, que, ainda por cima, admitem toda a flexibilidade permitida pela natureza eminentemente funcional da língua.

Como Ilari & Basso (2006, p. 234), desejamos que o professor de línguas não faça "do conhecimento gramatical o único fundamento de sua autoridade", até porque "a língua excede a gramática" (ibidem, p. 226).

Ficam evidentes, então, os fundamentos do que agora sintetizo como expressão desse segundo equívoco: ***a gramática, sozinha, é incapaz de preencher as necessidades interacionais de quem fala, escuta, lê ou escreve textos***. Daí que, em um programa de ensino de línguas, deve constar mais que uma série de itens de gramática (como se poderá ver no capítulo 12).

CAPÍTULO 5

Não basta saber gramática para falar, ler e escrever com sucesso

SE LÍNGUA E GRAMÁTICA não se equivalem, saber gramática não é suficiente para uma atuação verbal eficaz. De fato, um dos maiores equívocos consiste em se acreditar que o conhecimento da gramática é suficiente para se conseguir ler e escrever com sucesso os mais diferentes gêneros de texto, conforme as exigências da escrita formal e socialmente prestigiada. Somente com base nesse equívoco é que se pode justificar o apego dos professores (e de toda a comunidade escolar, os pais, inclusivamente):

a) à detalhada explanação de cada uma das classes gramaticais, com suas respectivas subdivisões;
b) e às intrincadas veredas da análise sintática.

Mais do que apego a esse tipo de ensino, constata-se até mesmo certa impaciência para que, ainda cedo, ele seja devidamente iniciado. Se isso acontece, acalmam-se os ânimos: o sucesso, julgam, está garantido.

Ledo engano... como se diz, mais propriamente, em páginas da literatura. Compreender ou fazer um texto – um relatório, um artigo, um editorial, uma carta, um requerimento, por exemplo – exigem muito mais que conhecimentos de gramática. Este é apenas parte do saber que se precisa dominar para o desempenho satisfatório dessas atividades, como se verá nos tópicos a seguir.

5.1. Os recursos a outros tipos de conhecimento, além do conhecimento gramatical

A concepção simplista de que basta saber gramática para falar, ler e escrever bem funda-se na esteira daquele primeiro equívoco: o de que a gramática equivale à língua. Com efeito, a concentração dos programas em questões puramente gramaticais e o afã dos pais junto às escolas para que essas deem aulas de gramática, passem tarefas de gramática – mesmo que pareçam irrelevantes – somente se justificam pela crença de que o conhecimento da gramática basta. Basta para assegurar o sucesso na elaboração de textos escritos e falados, em situações da interação pública e conforme as regras da linguagem formal e do dialeto de prestígio. "Um conhecedor de gramática é, sem dúvida, bom leitor e bom produtor de textos?" – alguém perguntou.

Como ficou explícito no capítulo anterior, o uso da língua, além da gramática, comporta um léxico (em línguas como a nossa, com cerca de 500 mil palavras) e supõe ainda regras de textualização e regras de interação, decorrentes das situações sociais em que acontece a atividade verbal.

Esses componentes têm ainda seus múltiplos desdobramentos, sobretudo os dois últimos, que abarcam tudo o que se deve saber para se fazer ou entender um texto e tudo o que se deve saber para realizar uma atividade de interação verbal. Fica sem fundamento, portanto, reduzir a condição para o uso da língua apenas a uma competência de ordem gramatical. Ninguém fala, ouve, lê ou escreve sem gramática, é claro; mas *a gramática sozinha é absolutamente insuficiente.*

Na verdade, a gramática é insuficiente, pois a interação verbal requer ainda:

- *o conhecimento do real ou do mundo;*
- *o conhecimento das normas de textualização;*
- *o conhecimento das normas sociais de uso da língua.*

Desdobremos um pouco cada um desses pontos.

5.1.1. O conhecimento do real ou do mundo

Naturalmente, se falamos para estabelecer relações entre nós e o mundo, nada mais evidente que precisemos conhecer esse mundo do qual falamos ou, pelo menos, imaginar um outro, com base no que já conhecemos. Quer dizer, a linguagem tem como objeto de significação as coisas que compõem a realidade, seja ela a realidade experimentada externamente, seja a outra sentida internamente, desejada, imaginada, projetada, simulada. Não importa: falamos das coisas que têm qualquer tipo de existência.

Daí por que, em todos os nossos textos, é desnecessário dizer absolutamente tudo, pois nossos interlocutores partilham conosco muito do conhecimento adquirido. Ouvir os outros, ler o que eles escreveram são atividades que mobilizam esse saber já partilhado.

Portanto, não é apenas o material linguístico que dá sentido àquilo que ouvimos ou lemos. Noutras palavras, o sentido não está totalmente expresso ou explícito no texto, sobretudo quando o interlocutor tem a competência de dizer apenas o que ele supõe que o outro ainda não sabe.

Por exemplo, diante de um letreiro em que está escrito: NARIZ, OUVIDO, GARGANTA, e de um outro em que estão os dizeres: FRANGO, FRUTAS, VERDURA, qualquer pessoa vai entender que, somente na segunda situação, alguns produtos estão postos à venda. Ninguém vai entender, por outro lado, que, naquele primeiro estabelecimento, estão vendendo *nariz, ouvido e garganta.*

Mas essas interpretações são feitas corretamente devido a quê? Certamente, não é apenas por conta dos elementos linguísticos que lá estão expressos. É, na verdade, com o apoio que se tem do conhecimento de como as coisas se organizam, se distribuem no mundo da experiência. É por esse conhecimento que rejeitamos a hipótese interpretativa de que *nariz*, *ouvido* e *garganta* são produtos à venda e que aceitamos a outra de que *frango*, *frutas* e *verduras* podem ser comprados no lugar onde consta o letreiro.

Em um texto maior do que os letreiros referidos acima, esse princípio ainda se torna mais complexo, pois muito mais conhecimentos de mundo são necessários para que sejam feitas com êxito interpretações coerentes. Nenhum texto traz explícitas todas as informações que transmite. Nenhum texto é absolutamente completo. Muito do que é dito está implícito, apenas pressuposto ou subentendido. O que acontece é que essas estratégias interpretativas são tão comuns, tão corriqueiras no dia a dia das pessoas que nem as percebemos ou paramos para analisá-las. Parecem naturais.

Pensar, portanto, que a gente faz e interpreta textos usando apenas os conhecimentos linguísticos (que já são mais do que aqueles puramente gramaticais) é falsear a autêntica atividade da interação verbal.

Esse princípio pode ser corroborado em um outro exemplo: em artigo sobre "as oscilações da ciência", o autor usou a expressão "o movimento pendular", exatamente para significar o vaivém das descobertas científicas. Se a gente não sabe o que é um pêndulo e que movimento ele faz, como entender esse trecho?

A mesma insuficiência do conhecimento linguístico se poderia comprovar a partir de versos do já citado poema de Drummond:

Professor Carlos Góis, ele é quem sabe
E vai desmatando
O amazonas da minha ignorância.

Se a gente não sabe a que se refere a expressão "o amazonas", se a gente desconhece certas particularidades do objeto designado – por exemplo, sua extensão imensa – como interpretar o verso: "o amazonas de minha ignorância"? Somente o conhecimento de mundo que compartilhamos permite uma interpretação correta. E como entender a manchete de um jornal que diz: "A rede não balançou para o São Paulo neste final de semana"?[1] E como entender a referência a "uma grande manifestação emplumada" sem que sejam conhecidas as particularidades dos grupos indígenas? E como entender a afirmação de que alguém "tucanou"? Os exemplos podiam se multiplicar à exaustão. Cremos, no entanto, que esses são suficientes para provar que a interação verbal mobiliza muito mais que o conhecimento linguístico.

Quantas vezes as escolas já presenciaram a ansiedade dos pais em pedir *aulas de gramática*, em apressá-las, mesmo nos primeiros ciclos do ensino fundamental, como se o conhecimento da gramática fosse suficiente para garantir o desenvolvimento satisfatório do bom desempenho das crianças! Já sabemos que não é; muito menos o conhecimento da gramática a que as escolas têm concedido primazia: o da introdução às classes de palavras com suas múltiplas classificações e subdivisões.

Seria tão bom que a pressa dos pais se orientasse para a exigência da leitura de bons textos, para o acesso à literatura, para a

---

1. Muito acrescenta a leitura do livro *Texto e coerência*, indicado na bibliografia. Questões como essa do "conhecimento de mundo", do "conhecimento partilhado", base para as muitas inferências que são feitas na atividade de compreender um texto, atestam a insuficiência do conhecimento linguístico, tal como temos demonstrado aqui. Outra leitura bastante produtiva poderia ser feita em Koch & Elias (2006), onde muitas das questões textuais brevemente referidas aqui recebem um desenvolvimento maior, inclusivamente com o apoio de textos de diferentes gêneros e propósitos comunicativos.

experiência da troca verbal: fluente, funcional, bem ordenada, clara e relevante, em textos orais e em textos escritos!

Ponhamos nessa meta nossas maiores aspirações. E, vamos adiante, na reflexão do que precisamos saber para interagir verbalmente.

5.1.2. O conhecimento dos recursos de textualização

Nas atividades de linguagem, além do conhecimento do mundo, é necessário também que conheçamos as muitas regras (ou regularidades) que especificam o que devemos fazer para organizar um texto, para lhe dar uma sequência, para lhe atribuir uma continuidade e uma progressão, para lhe conferir algum tipo de sentido e coerência. E mais:

- que *tipo* de texto (ninguém pode compor uma narrativa e um comentário opinativo usando os mesmos padrões de sequências) e que *gênero* devemos escolher (uma carta, um comentário, um aviso, um anúncio) e como vamos dividi-lo em partes (blocos ou parágrafos, se for o caso, ou em tópicos e subtópicos);
- que estratégias de interação com nosso interlocutor preferimos adotar (se direta ou indiretamente; se de forma categórica, precisa ou de forma reservada, cautelosa e reticente; se numa linguagem comum e informal, se fora dos padrões corriqueiros);
- que precauções convém tomar para evitar malentendidos;
- o que vamos explicitar e o que vamos deixar implícito, já que o contexto ou os saberes do interlocutor podem suprir o que não está dito;
- se devemos parafrasear, fazer alusão ou mesmo citar outro texto etc.

Enfim, tudo o que é necessário para se entender ou para se fazer um relatório, um aviso, um convite, um artigo, um resumo, uma resenha, por exemplo, vai além da gramática e do léxico da língua. Ou seja, conhecimentos relativos à composição dos diferentes gêneros textuais são imprescindíveis para que possamos ser eficazes comunicativamente, até mesmo na hora da escolha dos padrões ou das regras tipicamente gramaticais.

Não basta saber, insisto, que *o pronome é uma palavra que substitui o nome*, ou que uma elipse é a *omissão de um termo recuperável pelo contexto precedente*. Não basta ainda saber que existe um artigo que é definido, e outro que é *indefinido*. É preciso saber que efeitos o uso de um ou de outro provoca na sequência do texto.

É preciso saber em que pontos do texto convém usar um pronome em lugar de uma expressão nominal ou recorrer a uma elipse em vez de usar a forma explicitada.

A título de ilustração, vejamos uma proposta de atividade, copiada de um livro didático, que tinha como objetivo levar os alunos a exercitarem o emprego dos pronomes.

A proposta era a seguinte:

> Reescreva no seu caderno o trecho da história a seguir, substituindo as palavras sublinhadas por:
> ele — ela — eles — elas
>
> Pedro estava arranjando o carro, enquanto Lígia fazia as malas. Julinho queria ajudar na arrumação da bagagem de Lígia, pois tudo estava atrasado.
> Pedro conseguiu arrumar o carro, porque Fátima, Inês e Marcos também vieram ajudar. Bernardo, porém, não pôde participar do passeio, porque estava adoentado e cheio de preguiça.

Pois bem: caso o aluno siga à risca a proposta feita pelo livro, o texto resultará no seguinte:

> Ele estava arranjando o carro, enquanto ela fazia as malas. Ele queria ajudar na arrumação da bagagem dela, pois tudo estava atrasado.
> Ele conseguiu arrumar o carro, porque eles também vieram ajudar. Ele, porém, não pôde participar do passeio, porque estava adoentado e cheio de preguiça.

Como ficaria o entendimento deste texto? Como identificar de quem se está falando, quem fez o quê? Basta, então, empregar os pronomes, com as devidas flexões de gênero e de número? E se qualquer um de nós falasse dessa maneira, contasse uma história assim?

A verdade é que ninguém conta uma história simplesmente para mostrar como se empregam determinadas palavras. A gente conta uma história para divertir, para ilustrar uma ideia, para reforçar ou refutar uma opinião etc. Isto é, as pessoas falam movidas por intenções comunicativas diversas. Sempre. E não para treinar o emprego de elementos gramaticais[2].

Numa outra atividade, foi solicitado ao aluno que procurasse em jornais e revistas palavras que se escrevem com *s*, *ss*, *ç*, *sc* e, depois, fizesse com essas palavras uma historinha. Ora, essa atividade mostra claramente a falta de entendimento do que é fundamental em um texto, ou seja, a sua unidade de sentido.

É muito provável que essa historinha saia troncha e artificial, pois suas condições de produção contrariam substancialmente os princípios basilares da formação de textos. De novo, afirmo: a gente conta uma história para fazer um relato de alguns fatos que nos interessa contar. Que palavras se vai escolher, quem leva a isso é o conteúdo da história, as coisas de que ela fala; isto é, aquilo que se tem a dizer; as *letras* que devem aparecer nas palavras do texto vêm como consequência.

---

2. Em sua pesquisa de mestrado, Izabel Pinheiro demonstrou que a escrita da escola, muitas vezes, objetiva não a interação, mas o mero treinamento de alguma noção gramatical aprendida (ver bibliografia).

Como podemos ver, certas atividades escolares, supostamente atividades para se ensinar gramática, acabam por descaracterizar o que é fundamental na linguagem, que é *permitir uma interação, com a troca de sentido e de intenções.*

Não surpreende, assim, que os alunos submetidos a esse tipo de atividade retraiam não só o gosto por escrever como ainda a necessária competência para escrever bem. (Que pelo menos tivéssemos a capacidade de análise suficiente para encontrar a totalidade das causas desse insucesso: não jogaríamos, então, sobre os ombros dos alunos toda a responsabilidade por escreverem textos "cravejados de pérolas", exibíveis jocosamente em programas nacionais de humor!)

Quando um aluno, dissertando sobre questões de mudanças nas relações homem x mulher, escreve:

> *Percebemos que nossa sociedade é composta de ambos os sexos.*

Ou:

> *Sabemos que o homem é um ser masculino e a mulher um ser feminino,*

está exatamente demonstrando que o conhecimento gramatical é insuficiente. Esses dois trechos não apresentam nenhum problema de gramática. Do ponto de vista morfossintático, tudo está bem; não há inadequação de espécie alguma. Entretanto, a obviedade com que as coisas são ditas leva a uma total irrelevância e deixa o que é dito sem a menor graça e interesse.

Falamos para dizer coisas relevantes, que impliquem qualquer tipo de novidade ou de interesse. Dizer, no contexto de um comentário, que *o homem é um ser masculino e a mulher um ser feminino* é, no mínimo, desconcertante.

Como se pode concluir, as noções gramaticais são apenas parte dos saberes indispensáveis às atividades da interação verbal. Mas a escola, por muitas vezes, parece desconhecer isso. E os pais, cheios de boas intenções (mas carentes de relevantes conhecimentos sobre a teoria da linguagem) acabam por jogar lenha seca nas brasas dessa fogueira fatal.

É preciso que os estudos mais recentes da teoria linguística – estudos que privilegiam as leis do discurso, as estratégias de textualização, os componentes da cena comunicativa – cheguem, de fato, aos programas de ensino das salas de aula. Falta chegar ainda a muitas escolas o sopro desses novos ventos; e, sem eles, tudo continua exatamente como se nada de diferente tivesse sido descoberto.

É bom que *os pais* (e até mesmo os alunos) saibam também dessas coisas. Saibam que a gramática é insuficiente para preencher todas as nossas necessidades comunicativas e garantir a preparação que precisamos ter para enfrentar as solicitações do mercado de trabalho. É bom, portanto, que eles *percam a inocência*, para não creditarem todas as condições de êxito à gramática. Assim, não se deixarão persuadir pelo discurso fácil de quem vende ou dá, em "bons pacotes", dicas rápidas de "salvação", por aprenderem a "não errar mais"; ou hão de se defender quando a eles, alunos, é atribuída toda a causa do fracasso de seus textos inusitadamente hilariantes.

A pretensão de *escrever um livro para os pais* se justifica, sobretudo, por esse desejo de querer adverti-los contra esses equívocos em torno da compreensão do que é uma língua, do que é uma gramática, em suas funções e em seus limites, e de como deve ser seu ensino. Se justifica ainda pela pretensão menos imediata de podermos ter uma ideia mais clara de como deve ser a formação acadêmica dos professores de línguas.

É bom, afinal, que se procure divulgar – deixar acessíveis ao público em geral – as descobertas de uma ciência que se ocupa da linguagem e tenta explicar seu funcionamento, sem o viés da redução ou do simplismo que certos interesses menores emprestaram ao uso da linguagem.

Em suma, no âmbito das regras de textualização — sem as quais a comunicação não poderia existir e que aqui foram apenas parcialmente enumeradas — muito precisa ser sabido para que nossos textos — orais e escritos — sejam considerados amostras significativas de atividades de linguagem.

É sinal de muito atraso científico — como frisei — pensar que basta saber gramática ou mesmo basta conhecer a língua para exercer as atividades de linguagem. A escola, por vezes com a ajuda dos pais e dos alunos, ainda colabora muito para alimentar esse atraso!

5.1.3. O conhecimento das normas sociais de uso da língua

Efetivamente — podemos já concluir —, a atividade da linguagem é muito complexa, pois mobiliza tipos bem diferentes de saberes e de competências. Nada, portanto, daquele simplismo com que fomos introduzidos ao estudo das línguas.

Somado ao conjunto das regras linguísticas (gramaticais e lexicais) e das regras textuais, existe um terceiro conjunto, aquele relativo às *normas sociais* que regulam o comportamento das pessoas em situações de interação verbal.

Em termos bem gerais, podíamos começar lembrando que *ninguém fala o que quer, do jeito que quer, em qualquer lugar.* Existem também *os bem-comportados* e *os malcomportados* do ponto de vista da comunicação. Isto é, em toda cultura prevalece um conjunto de normas que especificam *quem pode falar, o quê, como, com quem e quando.* Falar em voz alta, por exemplo, é permitido apenas em certas ocasiões. Interromper o outro também tem suas restrições. Dizer tudo o que vem à cabeça, sem discrição, é sinal de incompetência comunicativa (por exemplo, tornar públicas as dívidas de um morto na cerimônia de seu sepultamento — como jocosamente foi apresentado na cena de um comercial, veiculado na TV).

Usar expressões que demonstram atitudes de polidez ou usar de tolerância frente a determinados tipos de interlocutores é comportamento socialmente prestigiado. Por exemplo, não em qualquer oportunidade se pode fazer a alguém qualquer tipo de pergunta: é preciso avaliar se a privacidade do outro está ou não sendo respeitada; não em qualquer oportunidade se pode interromper o outro; existem verdadeiros rituais que estipulam como começar e como finalizar um discurso. Ou seja: qualquer atividade de linguagem é uma atividade socialmente normatizada e, assim, regulada.

Portanto, ser comunicativamente bem-sucedido é mais que uma questão de saber gramática, de saber analisar frases e reconhecer as funções sintáticas de seus termos. (Ah! Se fosse apenas isso! Seria bem mais fácil ampliar a competência das pessoas para atuarem comunicativamente.)

O segundo equívoco me parece, assim, desfeito: para o sucesso da interação verbal, ***o conhecimento linguístico não basta; não é suficiente***.

São princípios como o da insuficiência dos conhecimentos linguísticos que se mostram cada vez mais claros quando se estuda a língua numa perspectiva de *atividade discursiva*. A linguística de texto, por exemplo, vem explicitando aspectos altamente relevantes do funcionamento das línguas, desde o início da década de 1960, e vem mostrando que a recepção e a emissão de textos se fazem graças a recursos linguísticos e a recursos extralinguísticos também.

É pena que, mais de quarenta anos depois, ainda haja tantas escolas "enganchadas" no estudo da gramática, como se ela, sozinha, bastasse. Parece haver por aí certa *propaganda enganosa* acerca dos benefícios de se estudar apenas gramática. As descobertas da linguística não têm repercutido suficientemente[3].

3. Cf. Neves, 2003, p. 351.

Seria altamente relevante para todos os cidadãos e altamente gratificante para professor e aluno poderem reconhecer, no final da trajetória escolar, que o trabalho da escola teve grande êxito, pois foram ensinadas e aprendidas *lições de programas amplos*, que recebem a valoração da sociedade letrada, como o gosto pela literatura, a prática da leitura e da análise plural e crítica, da produção oral e escrita de textos adequados e relevantes, e a simpatia indiscriminada pela condição variada e mutável das manifestações linguísticas.

5.2. Implicações para o ensino

Admitir o conjunto de princípios apresentados neste capítulo leva a que sejam selecionados determinados conteúdos curriculares, que sejam definidas certas prioridades e escolhida uma série de atividades pedagógicas. Por outro lado, o mesmo conjunto implica que uma série de pontos seja rejeitada ou, pelo menos, não ganhe prioridade ou destaque. Vejamos:

- Em termos bem gerais, podemos dizer que estudar mais que gramática leva a procurar explorar o conhecimento de outras áreas, de outros domínios e assumir a certeza de que, ao lado do conhecimento da gramática, outros são necessários, imprescindíveis e pertinentes. Portanto, não tem fundamento a orientação de que "não é para ensinar gramática." Repito: não é para ensinar ***apenas*** gramática.

- Em termos mais específicos, lembramos que, para ir além da gramática, a escola deve empenhar-se também no estudo do léxico, do vocabulário da língua. Esse estudo pode contemplar as inter-relações internas, de uma palavra com outras — relações de sinonímia, de antonímia, de hiperonímia, de partonímia — e inter-relações externas, das palavras com as coisas, os eventos, os fatos, os valores culturais que povoam os mundos em que vivemos. Podemos explorar ainda o sentido metonímico ou metafórico de uma palavra, de uma expressão, inclusive, em contextos da linguagem não literária. Da palavra *casa*, por exemplo, podemos chegar à palavra *teto* —

passando por muitas outras – e explorar todas as ressignificações que as pessoas vão introduzindo na língua. Podemos "chafurdar" no repertório lexical da língua, para fazer levantamentos de séries de palavras que compreendem certa área ou envolvem determinada categoria (casa, residência, domicílio, vivenda, lar, moradia, teto, chão etc.). É bom lembrar que é possível estabelecer uma vinculação muito grande entre o léxico e a gramática, pois qualquer uma das classes de palavras pode ser objeto de uma pesquisa que envolva o conhecimento do léxico. Por exemplo, pode-se propor aos alunos uma pesquisa que resulte num levantamento das expressões adverbiais que denotam *temporalidade* e sua ligação com a categoria do *aspecto* expressa pelos verbos. Em pesquisas assim, além de se favorecer um conhecimento mais amplo e relacional dos elementos linguísticos, se estaria mudando o foco de estudo da língua, pois o núcleo das considerações feitas deixaria de ser o contraste entre o *certo* e o *errado*.

- Ocorre-me ainda lembrar a relevância de se explorar a questão dos neologismos e dos estrangeirismos, naquelas perspectivas que ligam a língua à capacidade dos sujeitos de nela interferirem e, naquela outra, das repercussões interculturais que a adoção de palavras e de valores estrangeiros envolve.

- Merece destaque ainda o estudo do léxico na perspectiva da composição do texto, no sentido, portanto, de como as unidades do léxico são recursos da coesão do texto. Basta lembrar a função coesiva que desempenha a associação entre palavras de sentidos afins ou contíguos. Em suma, muito tempo poderia ser destinado à exploração das possibilidades lexicais da língua. Certamente, com mais entusiasmo e mais encantamento para os alunos, que estariam, assim, *desbravando* o idioma que usam, para *soltarem a língua* e se fazerem *bons falantes*. Certamente, com muito mais crescimento para os professores, inclusive, que precisariam estar por dentro de muitas outras noções além daquelas incluídas na morfologia e na sintaxe de frases.

- Outra implicação de se avançar além da gramática seriam os interesses:

— por ampliar o rol das competências a serem desenvolvidas e, assim, estimular, paralelamente à leitura e à escrita, a exploração da oralidade. Nesse âmbito, vale a pena lembrar quanto poderia ser útil a análise das "máximas da conversação", isto é, dos princípios que devem estar presentes para o sucesso da conversação;

— por ampliar, ainda, o *repertório de informação* dos alunos sobre assuntos e temas diferentes, em leituras, debates e reflexões orientadas;

— por explorar, enfim, as chances advindas do estudo de outras disciplinas. Nesse âmbito, vale ressaltar a importância desse estudo, para se conseguir êxito nas atividades de linguagem — cuja relevância depende, antes de tudo, daquilo que se tem a dizer, pois a linguagem é uma atividade de expressão, quer dizer de *pôr para fora*. É fundamental, portanto, que haja o que expressar, ou seja, o que dizer. Evidentemente, insisto, não é a gramática que vai suprir essa função. A irrelevância de certos discursos, por exemplo, não deriva do pouco conhecimento gramatical; deriva, em princípio, de não se ter o que dizer; deriva daquilo que comumente chamamos de *pobreza de informação*. Portanto, informações, dados, ideias, princípios, temas, visões, perspectivas, hipóteses são a pólvora que dá efeito ao gatilho da interação verbal. A gramática é apenas um dos componentes que tornam a pólvora inflamável.

As regras de textualização (ou regularidades, como querem alguns) também comporiam um programa avançado de estudo da língua; isto é, a exploração das propriedades do texto — incluindo, é claro, os recursos de intertextualidade, coesão e coerência, o que, naturalmente, retiraria do foco a formação e a análise de frases soltas. Essas regras compreendem tudo o que é exigido para que se elabore um texto conforme as determinações de seu tipo (narrativo, descritivo, dissertativo) e de seu gênero: fazer um editorial não é o mesmo que dar uma notícia; fazer um anúncio é bem diferente de redigir um requerimento, um convite, por exemplo. Essas regras compreendem também o conhecimento de como dosar a informação (entre o já sabido e o ainda desconhecido), de onde distribuí-la e de como optar por determinada sequência e divisão do texto. Compreendem ainda o conhecimento dos padrões de apresentação do texto, conforme o suporte escolhido (livro, jornal, revista, mural, cartaz, faixa, *outdoor* etc.). A adequação do gênero às circunstâncias da interação, às condições do interlocutor também tem suas regras. Em suma, como propõe Beaugrande: "O trabalho com textos mudaria a paisagem teórica e prática da linguística"; ao que Neves (2006, p. 31) acrescenta: "E, com certeza, a visão da gramática". Ou seja, um programa de estudo da língua que incluísse *as regras de textualização* seria bem mais amplo – e bem mais relevante – do que aqueles que perpassam (em todas as gramáticas) a série das classes gramaticais e de suas sintaxes, culminando, numa espécie de apêndice de concessão, com as figuras de linguagem.

- A exploração do *comportamento linguístico*, que as convenções sociais estipulam como adequado a determinada situação, também preencheria um programa mais que gramatical de estudo da língua. Essa exploração teria como objeto tanto as atividades do enunciador quanto aquelas do parceiro da interação, sobretudo aquelas que acontecem em contextos públicos formais. Fazem parte dessas convenções, por exemplo, as normas de como participar de uma conferência, de uma reunião, de um debate, de como interpelar alguém hierarquicamente superior; enfim, que expressões ou práticas de polidez são convenientes para essa ou aquela situação. Enfim, a um programa de estudo da língua poderiam ser somadas muitas atividades de exploração e análise das condições cognitivas, textuais e sociais que tornam as atividades de linguagem funcionais e relevantes. Efetivamente, seria bem mais produtivo pensar a linguagem; pensar sobre a linguagem; tentar vê-la por dentro; tentar entender o encaixe das peças que fazem seu funcionamento interativo.

CAPÍTULO 6

Explorar nomenclaturas e classificações não é estudar regras de gramática

O TERCEIRO EQUÍVOCO diz respeito à confusão entre *regra gramatical e nomenclatura gramatical*. Quando alguém está explorando as terminologias e nomenclaturas das diferentes classes de palavras, é comum ficar a impressão de que se está estudando gramática. Isto é, em geral, a passagem pelo terreno das nomenclaturas tranquiliza a maioria — de pais, professores e alunos —, pois dá a ideia de que se está ensinando gramática, "garantia futura de um bom desempenho comunicativo" e, sem dúvida, "porta aberta para o sucesso profissional posterior".

De fato, já nas primeiras séries do ensino fundamental, começa a agonia de todos por apresentar, com definições e tudo, os substantivos, os adjetivos, os verbos e demais *contas do rosário terminológico*, para, em seguida, se fazer, da leitura de textos, a oportunidade de reconhecê-los e grifá-los. E, à medida que se avança em anos, se avança também na discriminação das diversas subdivisões de cada classe, com pormenores que chegam a confundir mais do que a esclarecer.

Com tal exploração de classes e categorias gramaticais, se cristaliza a "certeza" de que a escola está oferecendo — como deveria ser — o estudo da gramática que é necessária para que as pessoas atuem de forma eficaz nas diversas situações da vida social: falando, lendo e escrevendo textos de diferentes gêneros, com diferentes finalidades interativas, com o adequado nível de formalidade, mobilizando e organizando as informações na medida certa, para referir apenas algumas das habilidades que definem as competências comunicativas.

Ora, falta à maioria das pessoas leigas em questões linguísticas a clareza para discernir entre *o que são regras de gramática* e o que *são apenas elementos da terminologia gramatical*, isto é, *rótulos, nomes das unidades da gramática*.

Essa dificuldade de discernimento já seria perniciosa, mesmo se viesse sozinha. Ocorre que — como já discuti antes — ela coexiste com outros equívocos; por exemplo, com o simplismo de acreditar que basta a gramática para o exercício das atividades de linguagem.

Como se vê, um equívoco agrava o outro. Ou seja: ***a gramática não basta, e o que é pior, o que se estuda na escola não chega de fato a ser a gramática relevante para o exercício, em textos, da linguagem***. Vale lembrar que, como já foi mostrado, ao lado das regras de gramática, são requeridas as regras da textualização e as normas sociais que regulam a interação verbal.

A fim de entendermos melhor o cerne do equívoco presentemente em análise, vou tentar caracterizar o que, de fato, são regras de gramática e, mais adiante, o que são questões apenas de *nomenclatura* e *terminologia*.

6.1. O QUE SÃO REGRAS DE GRAMÁTICA?

As regras, em qualquer domínio, são normas, são comandos, são princípios que orientam ou disciplinam a realização de determinada atividade. Uma regra — como define o dicionário — "regula, dirige, rege, governa".

No âmbito desta nossa discussão, as regras são as normas que especificam os usos da língua, que ditam como deve ser a constituição de suas várias unidades, em seus diferentes estratos (o fonológico, o morfossintático, o semântico, o pragmático).

As regras gramaticais implicam, portanto, o uso das unidades da língua: o como deve ser, para que sejam obtidos determinados efeitos de sentido e de intenção. Daí que as regras são naturalmente prescritivas, no sentido de que estabelecem as normas de *como deve ser* ou de *como não deve ser* o uso das diferentes unidades linguísticas. Serão, portanto, tanto mais significativas quanto mais contemplarem a língua em exercício, a língua que, de fato, usamos, nos diferentes meios e suportes da comunicação oral e escrita.

Por exemplo, são ***regras da gramática do português***:

- deixar o verbo na primeira pessoa do singular se o sujeito da oração se refere à pessoa que fala (*Eu* gosto de ouvir música brasileira);
- pôr o artigo antes do substantivo (*o livro*);
- usar o presente do indicativo como núcleo do predicado em definições e verdades universais (*O homem é um animal racional.*); (*O homem é mortal.*);
- deixar sem flexão de gênero ou de número os pronomes indefinidos *alguém, ninguém, tudo, nada, algo*;
- alterar a forma dos substantivos para indicar flexão de gênero (o gato; a gata);
- usar o demonstrativo *aquele* (e suas flexões) se a coisa referida está longe (*Aquela casa é a casa onde moro.*).

Essas e muitas outras são *regras*. Quer dizer, orientações que prescrevem como fazer uso da língua em determinados contextos. Diferentemente, como se verá logo adiante, de *nomenclaturas*.

Nesse sentido, vale a pena lembrar que as regras de gramática não existem apenas para regular o *uso culto* da língua, como, por vezes, pensam alguns. ***Todos os usos da língua são submetidos à aplicação de regras***. A própria natureza das línguas, que faz delas meios da inter-relação social e marca da identidade cultural dos grupos, leva a esse cuidado, para que a língua mantenha seus padrões e não perca a cara que tem.

No entanto, como essas regras são destinadas a reger, a regular os usos que as pessoas fazem, nos mais diferentes contextos e com as mais diferentes finalidades, elas não podem ser absolutamente rígidas, imutáveis, inflexíveis. Elas têm que ser funcionais, no sentido de que assumem variações, por conta do que pretendem aqueles que as usam.

De repente, alguém altera uma dessas regras para produzir um efeito qualquer ("com uma segunda intenção", como se costuma dizer); efeito que, para ser eficaz, deve ser reconhecido pelo interlocutor. (Já lembrei, em outro livro, o lema de um bloco carnavalesco, organizado por um grupo de intelectuais, que, no Sábado Gordo, à tarde, costuma desfilar pelas ruas do Recife: "Nóis sofre, mas nóis goza").

Essa flexibilidade das regras gramaticais não implica, contudo, que a liberdade de escolha dos usuários seja absoluta, total, cada um fazendo de qualquer coisa o que bem quer e entende.

E é por isso que as línguas são sistemas complexos. É que elas são providas de um componente – digamos – mais fixo que flexível e de outro, mais flexível que fixo, à disposição do usuário, na dependência de mil e um fatores constituintes da situação de interação. Por exemplo, em português, a posição do artigo faz parte daquele componente rígido: vem sempre antes do substantivo; ou ainda, o artigo e o demonstrativo nunca vêm juntos, como em *O este livro*. Mas, muita coisa na língua se situa naquela *zona de oscilação*, cuja escolha por uma ou outra forma cabe ao usuário (por exemplo, *Meu livro* ou *O meu livro, porcentagem ou percentagem*). Alguém, ainda, dependendo da situação, pode optar por usar um adjetivo no superlativo (*lindíssima*) ou, para surtir o mesmo efeito, repetir o adjetivo, como em *Ela é linda, linda*!

Daí por que, como mostra Rodrigues (2002, p. 13), ao lado das "regras compulsórias" (relativas a um único uso socialmente aceitável), existem:

- as opções preferenciais (aquelas mais escolhidas entre várias aceitáveis);
- as opções típicas (aquelas mais frequentes entre várias aceitáveis);
- as opções alternativas (aquelas escolhidas com o mesmo grau de aceitabilidade e de frequência);
- as opções restritas (aquelas aceitáveis apenas por uma parte dos membros de uma comunidade).

Como se pode perceber, das regras compulsórias às restritas, há um grande terreno onde se move aquele componente flexível da língua e onde o usuário pode *jogar*, no sentido de fazer suas escolhas, conforme as intenções comunicativas ou estéticas com que conduz seu jogo.

Parece que é outra a experiência da escola no tratamento das regras gramaticais. Pelo que sabemos (e vivemos!), tudo o que é ensinado como *regra de gramática* assume um *caráter compulsório*. Como se fosse *uma lei*. Um único modo de atuação. Sem relativizações; sem atenuações. Sem qualquer coisa como: "Depende!"

Desse teor compulsório, se passa, naturalmente, ao terreno do *erro*, do *descumprimento*, da *culpa*, do *sentimento de incompetência*, tão reforçado, e com tanto êxito, pela escola.

Em geral, os livros didáticos[1] não se arriscam muito: quando se trata de gramática, só propõem exercícios fora dessas relativizações contextuais; quase nunca exploram uma questão gramatical que admite variação.

Vale lembrar que a consideração desse lado regrado da língua só se torna relevante se a gente procura ver, examinar, descrever os usos reais, que constituem amostras da linguagem efetivamente

1. Por falar em livro didático, merece lembrar a atuação significativa que vem tendo o programa do PNLD na avaliação das novas coleções propostas ao mercado. Esse programa tem proporcionado excelentes reflexões sobre a função do livro didático na prática pedagógica, bem como tem desenvolvido uma série de critérios e perspectivas de avaliação desse material, que reforçam a visão discursiva e sociointeracionista da linguagem.

praticada pelos falantes e não apenas as regras idealmente previstas — como possibilidades à disposição dos usuários.

Em geral, a escola se fixa nesses *padrões ideais* e deixa de analisar os padrões reais, aqueles que, efetivamente, estão em uso, agora: nos livros, nos jornais, nas revistas, nos cartazes, na boca do povo, enfim. Na *língua certa do povo*, como disse Manuel Bandeira.

Por exemplo, faz parte daquele padrão previsto pelo português que determinados verbos exijam complementos precedidos de preposição (*assistir a; depender de; morar em* etc.). Os usos reais, no entanto, podem ir cristalizando outros padrões, ou pela omissão da preposição prevista ou pelo uso de uma outra, com ou sem alteração do sentido do verbo.

Quer dizer, nenhuma língua tem seus padrões absolutamente fixos e invariáveis. O que significa dizer que até mesmo aqueles padrões compulsórios são, na verdade, compulsórios apenas por alguma fração de tempo (em geral, uma fração longa), dependendo do que os falantes, tacitamente, forem concordando como *devendo mudar ou conservar*, por conta das condições mesmas da interação que empreendem. Portanto, por um lado, existem as *restrições* impostas pelo sistema; por outro, a *ampla liberdade de escolha*, motivada pelo próprio empenho das pessoas de fazerem com que sua interação obtenha sucesso.

Outra vez merece comentar a posição mais comum da escola no tratamento das regras gramaticais. Em geral, essas regras são vistas como intocáveis, invariáveis ("Por todos os séculos dos séculos, amém!"). Não admitem mudanças. Basta ver, por exemplo, a dificuldade que há, na prática, para se aceitar o verbo *assistir* sem preposição (*assistir o jogo*), como, atualmente, usam até mesmo pessoas letradas ou como aparece em textos da imprensa e da literatura. Na verdade, esse padrão já poderia ser considerado uma daquelas *opções típicas*, isto é, "a mais frequente entre outras igualmente aceitáveis".

O mesmo se poderia dizer do uso de pronomes oblíquos no início de frases. Como continuar insistindo que, no português do Brasil, a interdição de começar um período com um pronome oblíquo tem um caráter compulsório? Com base em quê? No padrão ideal da língua? Nos padrões de épocas passadas? Ou nos usos reais que os usuários fazem da língua, agora? Basta ouvir e ver para se ter a resposta. A esse propósito, ainda, por que deixar de fazer referências explícitas ao fato de que o pronome *vós*, no Brasil, praticamente desapareceu?

Temos que reconhecer: há quem lute também contra as mudanças linguísticas. Parece que se sentem ameaçados. Ou, pelo menos, têm dificuldade em reconhecer que as mudanças já aconteceram e que são, de alguma maneira, irreversíveis. A língua flui; e ninguém pode deter o seu curso. Isso não significa, contudo, que esse curso desça à deriva, sem que nada possa controlar seu fluxo. Já vimos que a própria condição das línguas, de serem marca da identidade cultural dos grupos, funciona como força estabilizadora que regula e controla as variações.

Duas notas a mais merecem ser acrescentadas. A primeira se refere ao fato de que, em geral, quando se fala em *ensino de gramática*, se deixa de indicar se se trata de *língua oral* ou de *língua escrita*. As palavras, as frases, os períodos são analisados numa perspectiva *aérea*, como se fossem coisas autônomas, com leis próprias e independentes de suas condições de uso. São *assim ou assado*, e pronto. Sem se fazer a consideração de que, no oral, "são assim, mas, no escrito, poderiam (ou deveriam) ser diferentes".

Quer dizer, o discurso da escola sobre a língua considera-a como um grande bloco homogêneo; uma entidade uniforme, sem possibilidade de variação. Pelo contrário, nesse discurso, deveria existir uma língua que é falada, e outra que é escrita; uma língua informal, usada nas situações de descontração, e uma língua formal, com um vocabulário e uma sintaxe específicos; uma língua para informar, outra para convencer, para seduzir; uma para explicar, outra para refutar etc. Sem o equívoco, como ainda acontece, de acreditar que aquilo que é da língua falada não merece ser explorado[2].

---

2. A propósito do tema variação linguística e sua relação com o ensino da língua materna, sugiro a leitura do livro de Bortoni-Ricardo (cf. bibliografia). Nesse trabalho,

A segunda nota se refere não àquela gramática 1, internalizada pelos usuários em geral, mas à gramática-compêndio, aquela que se toma como referência para o trabalho com o ensino da norma culta. Em geral, tem-se a ideia de que os compêndios de gramática somente contêm regras, explicitamente; regras coercitivas ou indicadoras de como se deve ou não fazer.

Na verdade, um exame dos compêndios de gramática, se tratados mais cientificamente, revela que essas gramáticas têm muito de descritivo, de explicativo; ou seja, se ocupam bastante de mostrar os recursos de que a língua dispõe (*pronomes, adjetivos, advérbios* etc.), os valores atribuídos a determinados usos desses recursos (*particularidades do emprego dos pronomes indefinidos*, por exemplo), os processos comumente usados para formar novas palavras ou alterar-lhes o sentido etc.

Noutras palavras, projetamos para um compêndio de gramática muito mais regras, muito mais proibições do que aquelas que, de fato, lá estão. Talvez as gramáticas impressas para preparar as pessoas a fim de enfrentarem certos concursos tenham concorrido para essa impressão falseada de que todas as gramáticas *só trazem regras e não têm nada de descritivo e de explicativo.*

Voltando ao foco de nossa discussão e tentando sumarizar, admito que o equívoco em análise tem seus desdobramentos:

- falta ainda muita clareza acerca do que são "regras" de gramática;
- essas regras são consideradas como "leis", como determinações compulsórias;
- são consideradas intocáveis;
- não as discriminamos como mais pertinentes à fala ou à escrita, a esse ou àquele contexto;

---

além de desenvolver os conceitos correspondentes ao tema, a autora traz sugestões de atividades e indicações de leituras complementares. Dessa forma, cada vez mais, o professor pode se sentir orientado para saber o que fazer em sala de aula, derrubando, portanto, o reiterado argumento de que "agora, sem a gramática, já não sabemos o que fazer ou como ensinar". Na mesma direção, pode ser visto Carneiro (2005).

- vemos prescrições até mesmo onde só existem descrições.

Nesse fogo cruzado, *salva-se quem pode*! Mas aqui também *a corda se rompe do lado do mais fraco.*

Vale a pena reiterar que das ***concepções*** acerca da gramática decorre necessariamente o ***modo*** como as coisas são tratadas. Assim, numa concepção de gramática como um conjunto de regras fixas, intocáveis e indiscutíveis, falta lugar para se admitir uma *zona de oscilação.* Noutras palavras, faltam regras cuja aplicação dependa das condições de uso, das intenções dos interlocutores e, até mesmo, do gosto, das escolhas estilísticas desses interlocutores.

As línguas têm, em seu comando, pessoas; seres atuantes, sujeitos ativos, capazes de administrar, entre possíveis opções, aquela que mais se ajusta à situação. É preciso, sempre que oportuno, mostrar ao aluno contextos em que ele pode escolher entre uma forma ou outra, entre uma organização ou outra do período, do parágrafo, ou até do texto. É preciso explorar o lado de flexibilidade dos padrões linguísticos, até mesmo porque o que não é flexível já está internamente sabido e arraigado (ninguém coloca, por exemplo, o artigo depois do substantivo ou o artigo feminino antes de uma palavra sabidamente masculina).

E a outra parte do equívoco? Vamos a ela.

6.2. O QUE SÃO NOMENCLATURAS GRAMATICAIS?

O termo nomenclatura supõe, evidentemente, nomes. Cada ciência, cada área de estudo tem seu próprio conjunto de termos com os quais se refere às coisas de seu campo. Essa atividade de *nomear, de dar um nome às coisas*, é uma atividade constitutiva da relação entre o homem e o mundo, e, simbolicamente, esteve presente desde a inauguração dessas relações, quando “o homem foi chamado a dar nomes às coisas". Com efeito, referir-se às coisas pelos seus devidos nomes constitui um recurso para que tais coisas sejam identificadas pelo parceiro da interação com mais chance de sucesso.

Com o mundo da linguagem não é diferente. As nomenclaturas gramaticais, como o próprio nome indica, dizem respeito aos nomes que as unidades da gramática têm. Funcionam como rótulos, como expressões de designação, para que a gente possa, quando necessário, falar de todas elas chamando-as por seus nomes, embora também expressem determinada visão dos fatos que designam. Mas não são regras; não regem esse ou aquele padrão. *Não implicam, portanto, competências para alguém falar e escrever melhor*, como acreditam alguns que ensinam essa "gramática".

Dessa forma, as nomenclaturas nada têm a ver com norma culta, com norma-padrão ou norma não padrão. Distinguir um complemento nominal de um adjunto adnominal não é nem norma-padrão nem norma não padrão. Simplesmente não é norma nenhuma. Além disso, não se pode pretender que a nomenclatura gramatical vigente constitua a única forma certa de nomear os fatos linguísticos. Sabemos que a nomenclatura que usamos tem muito a ver com as línguas ocidentais que promoveram a tradição gramatical. É muito provável que se a linguística tivesse surgido na China, não teríamos todos os rótulos que temos atualmente. O mesmo vale para as línguas indígenas brasileiras: os linguistas que as estudam se veem obrigados a criar nomenclaturas específicas para designar fenômenos gramaticais que só elas têm e que são desconhecidos das línguas europeias. Plutão, até muito recentemente, recebia o rótulo de "planeta", que foi considerado inadequado pelos cientistas da área. Isso é válido também para as noções gramaticais: muitas das nomenclaturas atuais podiam ser contestadas, pela inconsistência de seus termos[3].

Ou seja, não devemos atribuir à nomenclatura um valor que ela não tem. De fato, o grande engano é acreditar que vasculhar o ter-

3. Alguns linguistas, como Perini (1995, 2004), Bagno (2002), por exemplo, questionam a consistência de certas nomenclaturas e até de certas definições.

reno das nomenclaturas e exercitar o reconhecimento dos nomes das unidades constitui *ensino de gramática* e, pior ainda, confere competência a quem ensina e a quem aprende.

Mas uma questão ainda permanece aberta: o conhecimento das nomenclaturas, que função tem? Ou: como fica, afinal, a questão da nomenclatura? Se explora? De que jeito? Quando, em que momento?

As nomenclaturas têm uma função, sim; consequentemente, seu conhecimento também. Elas têm a função de permitir que as unidades ou funções da língua sejam designadas pelos seus nomes correspondentes, ampliando a possibilidade de uma comunicação ajustada às suas condições de produção.

Evidentemente, um discurso em que as unidades da gramática são chamadas pelos seus nomes deve ser aquele próprio de uma situação de análise da língua, seja numa aula, numa conferência ou situação semelhante. Além disso, a análise da própria nomenclatura poderá favorecer uma maior compreensão do que sejam as unidades e categorias gramaticais denominadas. Por exemplo, os termos "substantivo", "pessoas do discurso", "complemento verbal", "agente da passiva" e outros já fornecem pistas para a função das unidades em jogo.

Portanto, é conveniente que saibamos, numa atividade de análise, de reflexão sobre a língua, chamar as unidades pelos seus nomes técnicos. Isso corresponde a uma competência a mais, relevante, como disse, se o contexto assim o exigir. Sem dúvida nenhuma, o conhecimento da nomenclatura gramatical também faz parte de nosso conhecimento enciclopédico e, de certa forma, de nosso repertório cultural. "A atividade metalinguística é indispensável à construção do saber sobre a língua" (Neves, 2002, p. 258), sobretudo quando é adotada a postura crítica de analisar a consistência de certos termos.

O importante é que saibamos *ir além da nomenclatura*, como vimos insistindo; atribuir-lhe a função que, de fato, lhe cabe: a de nomear as unidades da língua, sem que tenha, portanto, ***um fim em***

si mesma. Não teria sentido, reitero, confundir o estudo da nomenclatura com o estudo da gramática.

Certamente, é essa confusão o que está na base daquela pergunta de uma professora: "Nas primeiras séries, a gramática não poderia ser retirada totalmente"? Na verdade, o que se pretendia "retirar totalmente" não era o trabalho com a nomenclatura? Até porque *a gramática nunca pode ser retirada da língua. Nem cedo nem tarde. Nem pouco nem muito. Ela está na língua. Ela é parte da língua.*

Com efeito, não há por que se apressar e trazer para as primeiras séries a estranheza da metalinguagem, com definições, classificações e subdivisões. É hora dos primeiros contatos da criança com a reflexão sistemática sobre o mundo da linguagem: que essa reflexão, nesse primeiro momento, não perturbe a possibilidade de admirar o quanto esse mundo é fascinante.

O diálogo, a conversa, a escuta de historinhas, os relatos, as justificativas é que devem preencher as situações orientadas para o desenvolvimento específico da linguagem. Além disso, a leitura de bons textos, cheios de interesse, de graça ou de poesia e de encantamento é o melhor caminho para levar a criança a descobrir um sentido para a linguagem, para a escrita e os meios em que ela circula (livros, jornais, revistas, faixas, cartazes, placas, meios eletrônicos etc.).

O equívoco em análise neste capítulo também se manifesta nas vozes de quem pergunta: "*Se não é para ensinar gramática, então, é para ensinar o quê?*" Ou: "*Como ensinar acentuação sem usar regra?*"

Mas quem disse que não é para ensinar gramática? Quem disse que não é para usar regras? O problema é muito mais amplo: está em saber *o que é gramática, em que consistem suas regras; como se deve ensiná-las.*

Parece haver uma pergunta de fundo que nos ajudaria a compreender melhor a questão nada simples de *como conduzir o ensino da língua*. Essa pergunta se resume em: o que é relevante aprender

- em função das competências linguísticas e discursivas;
- em função da atividade sociointeracional da linguagem;
- em função da dimensão cultural e política da interação verbal?

Ao longo de nossa reflexão, vou pontuando elementos que respondem a essa questão de fundo. De qualquer forma, ela já aponta para a necessidade de que o ensino de gramática deve representar uma porção — significativa, mas insuficiente — de um projeto mais amplo de ensino da língua. Projeto que, da educação infantil ao ensino médio, em atenção a demandas diferentes, procura partir daquilo que *o aluno sabe* para chegar ao domínio do que *ele precisa saber*, privilegiando, é claro, a dimensão integral, social e coletiva do desenvolvimento comunicativo alcançado.

O terceiro equívoco também não resiste a uma consideração mais fundamentada. Ou seja,

'nomenclaturas' não são 'regras': saber gramática, portanto, vai além de saber dar nomes às suas unidades e categorias.

6.3. Implicações para o ensino

De certa forma, as implicações pedagógicas desse item estão contidas no capítulo precedente. De fato, ir além da gramática implica também ir além da sua nomenclatura. No entanto, vale lembrar a pertinência de que, ao explorar questões de gramática, nos fixemos nas condições de seus usos e nos efeitos discursivos possibilitados pelo recurso a uma ou a outra regra, o que, naturalmente nos leva a:

- fazer da nomenclatura um recurso, uma mediação, um ponto de passagem e não um fim, ou um objeto isolado de estudo e, muito menos, de avaliação. Consequentemente, os muitos exercícios de simples reconhecimento das categorias gramaticais – como veremos na atividade em torno do poema de Milton Nascimento e Fernando Brant – passam a ocupar um tempo mínimo das atividades de sala de aula. Até porque, se nos detivermos em um programa com ênfase nos componentes textual e discursivo da língua, vai faltar tempo para atividades de simples reconhecimento de substantivos, verbos, advérbios, dígrafos, encontros consonantais, funções sintáticas de termos ou locuções – e outras coisas similares.

- Em relação ao ensino fundamental, sobretudo nas séries iniciais, é recomendável que a exploração da terminologia gramatical mereça muito pouca atenção. Na verdade, esse é o momento dos primeiros contatos sistemáticos do sujeito com a reflexão sobre a faculdade da linguagem. O ideal seria que questões eminentemente terminológicas ou de nomenclatura não viessem embotar o encantamento que se poderia despertar pela contemplação do potencial de atuação e de interação assegurado pelo uso da linguagem (literária ou não).

- Portanto, a escola precisa atribuir à nomenclatura gramatical uma função apenas suplementar, embora de alguma relevância como parte de um saber metalinguístico, que, por sua vez, também é parte do patrimônio cultural da comunidade.

- O simplismo de que conhecer a terminologia da gramática assegura o acesso do aluno à norma prestigiada da língua cai por terra, quando se considera essa terminologia nos limites que ela de fato tem: o de possibilitar uma denominação adequada das unidades da gramática, quando as atividades de análise da língua têm lugar. Fora dessas atividades, o recurso às terminologias metalinguísticas não tem sentido.

Cremos que a fixação da escola na nomenclatura não é casual nem muito menos neutra. Ela esconde pretensões sutis de sonegar aos alunos a oportunidade da reflexão crítica e lúcida sobre o real funcionamento da linguagem e sobre o que isso significa na vida das pessoas.

Me permitam um pequeno exemplo de uma atividade de "linguagem":

Leia o texto e faça o que se pede:

"Sou pretinho...
pretinho de uma perna só.
Uso gorro vermelhinho
E cachimbo de cipó.
Faço cada traquinada!
Eu sou esperto como eu só..."

Retire do texto palavras com:

Uma sílaba
Duas sílabas
Três sílabas
Mais de três sílabas.

Só para fechar este capítulo, podíamos perguntar:

É assim que se aprende a compreender um texto?

CAPÍTULO 7

A norma socialmente prestigiada não é a única norma linguisticamente válida

ANTES de entrar na discussão propriamente dita proposta para este capítulo, vale a pena debruçar-nos um pouco sobre o conceito de norma e seus desdobramentos, o que, confesso, não é muito simples, dada a pluralidade de perspectivas com que esse conceito tem sido visto no desenrolar dos estudos linguísticos[1].

São corriqueiros os termos *norma culta, norma-padrão, norma não padrão*; e, menos usuais, mas também em voga, os termos *variedades prestigiadas* e *variedades estigmatizadas* — estes últimos propostos por Bagno em alguns dos seus trabalhos (ver 2002, 2003, por exemplo).

1. Vou abster-me de uma discussão muito ampla acerca das diferentes concepções em torno do termo *norma*, pois o que me interessa, em particular, é pontuar a questão de que, na verdade, coexistem muitas normas, e aquela socialmente mais prestigiada não constitui a única norma linguisticamente válida. O leitor interessado em aprofundar essa questão, pode consultar Faraco (2008), Bagno (2000, capítulo 3), bem como vários capítulos da obra intitulada *Linguística da norma*.

O que designa cada um desses termos e que implicações têm eles para o ensino, na perspectiva das questões que levanto aqui?

Antes das especificações, convém, ainda que muito sumariamente, abordar o conceito de norma numa perspectiva mais genérica. Vamos lá!

7.1. Norma como regularidade e norma como prescrição

De modo geral, é preciso distinguir:

a) o uso do termo *norma linguística*, no sentido amplo, o de *normalidade*;
b) do uso mais restrito do termo, o de *norma linguística* como *normatividade*, ou *prescrição*.

No primeiro sentido, é *norma* aquilo que corresponde ao *regular*, ao *usual*, ao que mais frequentemente as pessoas usam. Por esse prisma, o termo *norma linguística* implica o conceito de ***normalidade***, e não o caráter de *certo* ou *correto*. É da norma, portanto, o que entra na preferência das pessoas. Daí que cada grupo ou cada região têm sua norma, seus usos preferenciais e são por eles identificados. É norma no português do Brasil, por exemplo, usar o pronome oblíquo em início de frase. Quer dizer, isso constitui um uso *regularmente* atestado e pode, num contexto eventual, identificar alguém como sendo brasileiro.

Já em um sentido mais restrito, o termo *norma linguística* implica o conceito de ***normatividade***, de prescrição, isto é, do uso *como deve ser*, segundo um parâmetro legitimado, em geral, pelos grupos mais escolarizados e com maior vivência em torno da comunicação escrita. Esse viés prescritivo acaba por entrar no corpo dos cânones gramaticais.

O conceito de *norma culta*, historicamente, esteve associado ora a esse lado da norma como regularidade, ora a esse outro da prescrição[2].

2. O mais apropriado é falar em normas cultas ou variedades cultas, como sugere Bagno (2002), uma vez que, em cada região, é possível atestar diferentes preferências de uso.

Vejamos um pouco do sentido e das implicações desses conceitos.

7.2. Norma culta

A *norma culta*, na compreensão tradicionalmente veiculada pela escola, corresponde àquele falar tido como "modelar", como "correto", segundo as regras estipuladas nas gramáticas normativas. Constitui, portanto, a representação do que seria o falar exemplar — aquele "sem erros" — por isso mesmo, o mais socialmente prestigiado.

Em geral, as regras da concordância e da regência verbal e nominal, da colocação pronominal, da sintaxe, enfim, são as que mais se salientam nesse domínio da norma culta. De fato, esses pontos da sintaxe são os itens privilegiados quando se trata de buscar os indicadores do maior ou menor grau de adesão do falante às imposições da norma culta.

Existem discussões muito abrangentes em torno da questão. Primeiramente, vale referir que a designação de *norma culta* não é das melhores, do ponto de vista ideológico, pois favorece a suposição de que aqueles que a adotam é que são os *cultos, têm cultura*; e aqueles que não a adotam são *os incultos, não têm cultura*. Mesmo não sendo explícito, esse contraste pode ser pernicioso, se não se chama a atenção para seus efeitos discriminatórios, sobretudo em relação àqueles falantes das classes sociais menos favorecidas.

Na verdade, esse contraste não é tão implícito assim, pois há livros didáticos (dos mais recentes) em que ele aparece sob a forma de *norma culta* versus *norma popular*; sendo aquela a norma certa, e esta, a errada, pelo que fica evidente uma relação de oposição: *o culto — que corresponde ao certo — não está do lado do popular.* O perigo dessas ideias é que elas são muito sutis. Mas, por isso mesmo, embrenham-se com mais força.

Sabemos que todos *somos cultos* ou *temos cultura*, como defende a antropologia, no sentido de que criamos, ao longo da história, nossas formas de vida, nossas representações e manifestações simbólicas, presentes nas mais triviais atividades do cotidiano, inclusive naquelas atividades ligadas ao uso da linguagem falada e escrita. É salutar, portanto, que estejamos atentos ao risco de restringir o uso do termo culto àqueles itens vinculados aos grupos sociais mais favorecidos.

Em segundo lugar, vale a pena se perguntar em que consiste mesmo o conceito de *norma culta*. Vamos a isso!

Faraco, em um trabalho datado de 2002, na p. 40, apresenta a norma culta como:

> a norma linguística praticada, em determinadas situações (aquelas que envolvem certo grau de formalidade), por aqueles grupos sociais mais diretamente relacionados com a cultura escrita, em especial aquela legitimada historicamente pelos grupos que controlam o poder social.

Por essa caracterização, podemos concluir que a norma culta:

- não implica o uso efetivo em todas as situações da interação verbal — restringe-se a algumas delas, apenas;
- é uma exigência da comunicação que envolve certo grau de formalidade; não é exigida, por exemplo, nas situações informais da coloquialidade própria da vida privada (aí, alguém pode usá-la, evidentemente, se quiser);
- está vinculada àqueles grupos sociais que mais diretamente exercem atividades no âmbito da comunicação escrita, sobretudo àqueles grupos ligados à divulgação das informações e ao controle do poder político-administrativo.

Em síntese, a norma culta é um requisito linguístico-social próprio para as situações comunicativas formais, sobretudo para aquelas atividades ligadas à escrita.

Numa análise menos cuidadosa, se poderia admitir que a *norma culta* rege apenas a modalidade escrita da língua. Ou seja, a fala estaria fora dos ditames dessa norma. Reparemos, no entanto, que Faraco fala em situações “que envolvem certo grau de formalidade", o que significa dizer que a exigência social da *norma culta* se aplica tanto às situações de fala quanto às situações de escrita, *desde que elas assumam* "*certo grau* de formalidade". Por exemplo, a apresentação de uma conferência, seja falada ou lida, representa um contexto social formal, que requer, evidentemente, um texto realizado segundo os usos da norma culta. Isso faz parte das expectativas de quem comparece a esse tipo de evento. É bom que se saliente ainda que, em contextos de informalidade, nada impede que se use a norma culta.

Geralmente, os contextos que exigem certa formalidade são aqueles que transcendem os limites da *vida privada* (isto é, a vida que se passa entre as quatro paredes de nossa casa) e entram, naturalmente, naquilo que é da *esfera pública* (isto é, a vida que acontece nos ambientes de trabalho ou do convívio social não familiar).

Em suma, a norma culta é requisitada mais pelo caráter de formalidade da comunicação do que pelo fato de ser ela falada ou escrita. É bom prestar atenção a esse ponto para se derrubar a ideia ingênua de que "a norma culta não se aplica à língua falada", como acreditam alguns.

No Brasil, essa ideia é reforçada pelo fato de que o acesso à cultura da produção escrita se converteu em privilégio de poucos, quer dizer, daqueles que podem "pagar" para serem alfabetizados e inseridos no mundo da comunicação escrita. Numa "coincidência" perversa, são os pobres que não se alfabetizam e que ficam à margem das informações divulgadas pelos meios escritos.

Vale perguntar-nos se a exclusão dos pobres do mundo da escrita tem constituído, até mesmo para nós, professores, um problema real. Será que nos inquietam os porquês dessa situação? Parece-nos pura coincidência, casualidade, que os meninos pobres não aprendam a ler e a escrever? Ou, acreditamos que, se não conseguem, é apenas porque "são pouco inteligentes, não se interessam, não querem nada com nada?"

E o tempo vai passando... Para eles, sem muitas expectativas!

Não é por acaso, portanto, que se estabelece nesse quadro uma cadeia: como vimos, a norma culta é mais vinculada à escrita formal que à fala informal; os pobres são mais inseridos em contextos da fala informal do que da escrita formal. Logo, a norma culta é menos requisitada e, consequentemente, menos exercitada entre pessoas das camadas mais pobres do que entre pessoas das camadas mais ricas, o que leva, naturalmente, os menos favorecidos a outra situação de desvantagem, além daquelas sociais e econômicas: a desvantagem linguística.

Não é por acaso também que, no imaginário social, a norma culta representa uma marca de excelência ou, pelo menos, da boa qualidade de uso da língua; quer dizer, instala-se a vinculação entre a boa linguagem e a classe social de maior prestígio. Consequentemente, essa norma culta é a *norma prestigiada*, e a *norma estigmatizada* é exatamente *a norma da classe menos favorecida*.

Daí à vinculação da norma culta ao poder é apenas um salto: ao poder político, ao poder das agências de informação e de comunicação, ao poder exercido pela escola, inclusive. Mas também daí ao preconceito linguístico é apenas outro pulo, pois o uso da língua que se afasta da norma culta é considerado *português de morro, rude, inferior, tosco, estropiado, corrompido*, entre outras qualificações menos edificantes.

Quer dizer, a discriminação social torna-se discriminação linguística. Logo, *língua de pobre* é *língua feia, desagradável, errada, quase ininteligível*, de vocabulário rudimentar, como demonstrou a pesquisa feita por Maria Auxiliadora L. Coelho, no sertão pernambucano, para sua dissertação de mestrado. Isto é, para grande parte das pessoas, o que não corresponde ao uso culto da língua é visto, sempre, como *erro* ou *desvio*; pior: é *vício*. (Um parêntese: me espanta como o termo *vícios de linguagem* ainda é tão presente, tão arraigado! – sobretudo entre as "pessoas de bem".)

O cerne da questão é, pois, o social; muito mais que o linguístico. Pensar nessas coisas é bom porque nos leva a relativizar esse ideal de norma culta. Leva-nos ainda a deixar de vê-la como algo meramente linguístico e gramatical; ou seja, como fenômeno interno à língua, como coisa simples, bem definida e bem controlável. É bom ainda porque nos leva a perceber que o uso da norma culta, por si só, não é garantia de boa linguagem.

Pelo que se pode concluir, toda a questão linguística vai além de constituir um simples rol de palavras e regras; é, portanto, mais que um inventário de *erros e acertos*. É algo que entra pelo terreno do social, do cultural, do político, do simbólico, de suas representações e valores. Não pode, pois, engessar-se na imobilidade de um tempo, de um grupo, de uma classe.

Além do mais, os falantes de uma língua não vivem confinados aos grupos das regiões ou das classes sociais a que pertencem. Esses grupos movem-se; convivem entre si, e as normas se interpenetram, se entrecruzam, se influenciam mutuamente. Tocam-se, acentuando ainda mais a possibilidade da existência de variação. Quer dizer, não existe uma norma pura, nem mesmo uma única norma culta, nem um uso fechado em determinada comunidade ou região. Por isso mesmo, o melhor é falar em *normas cultas*[3]. Normas que são uma mistura de diferentes tendências; normas mescladas, difusas, cujos contornos de diferenciação são bastante fluidos. A esse propósito, vale a pena lembrar a expressão *norma oculta*, que Bagno (inspirando-se em Ataliba de Castilho) usou como título de um de seus livros, pretendendo sublinhar exatamente o caráter pouco visível, pouco exato dessas normas consideradas cultas.

Em suma, o conceito de *norma culta* corresponde aos usos que se consideram mais adequados aos contextos (orais e escritos) de uso da língua formal, aceitando-se, ainda, que essa formalidade da língua pode admitir graus e variações diversos.

7.3. Norma culta ideal e norma culta real

Existe mais uma distinção que precisa ser feita, por tocar de perto o trabalho da escola frente à sua tarefa de promover o acesso

3. Vou usar o singular, norma culta, para designar o conceito geral em questão.

dos alunos ao domínio *das normas cultas*. A distinção é a seguinte: podemos falar, genericamente, em uma *norma culta ideal* e em uma norma culta real.

A norma ideal, como o próprio nome sugere, corresponde àquela norma concebida, pensada, prevista e proposta como a norma representativa dos usos da língua considerados cultos. Trata-se, portanto, de uma *idealização*, no sentido próprio do termo. Uma espécie de "hipótese" aninhada no imaginário de uma parcela da população. Sendo assim, ela se situa mais no domínio da potencialidade, da expectativa, da coisa imaginada e suposta do que no domínio da experiência efetivada.

Exatamente por ser assim, essa norma culta tem muito de abstração, de fantasia, de distanciamento do que, de fato, é real e comprovável nos usos do dia a dia. Na verdade, muito daquilo que se tem considerado como norma culta tem esse caráter de idealização, de algo apenas proposto como uso possível. Por isso, o parâmetro pelo qual se julga essa norma idealizada não são os usos comprováveis nos diferentes meios e suportes da comunicação falada e escrita; ou seja, não é o que se ouve e o que se lê. O parâmetro são as regras dos compêndios gramaticais, organizados, desde essa ótica, como se fossem *estatutos, regimentos*, que instituem, *a priori, o como deve ser* da língua, sem ter em conta as plurais e complexas condições das atividades comunicativas realizadas no presente.

Por outras palavras, esses compêndios estabelecem, definem as regras *do como deve ser*, sem considerar *o que de fato é, o que de fato acontece*, sobretudo entre os usuários que mais convivem com as variações da língua escrita formal e aí atuam sistematicamente.

Corroborando esse ponto de vista, Faraco lembra a questão dos pronomes demonstrativos *esse, este*, e observa que, nessa norma culta idealizada, ainda constam regras de utilização "correta" para o uso de uma e de outra forma. No entanto, a experiência está aí para comprovar que a oposição entre *esse* e *este* desapareceu na fala e na escrita, até mesmo, do português formal escrito das pessoas com formação universitária. No entanto, as gramáticas continuam insistindo nesse ponto e apontando "erros" a propósito de seus usos. O mesmo acontece em relação à regência de verbos como *preferir, assistir, implicar, chegar* e outros e, ainda, em relação à colocação dos pronomes pessoais, ao uso do verbo *ter* em lugar de *haver*, só para ficar nesses exemplos.

Ou seja, o que prevalece na pretensão da escola de favorecer ao aluno o acesso à norma culta — objetivo mais do que justo e relevante — é a perspectiva dessa norma idealizada, que não se apoia nos usos reais que as pessoas fazem da língua, em contextos que pedem o padrão culto formal.

A *norma culta real*, no entanto, corresponde aos usos que são *fato, ocorrência*; isto é, àqueles que podem ser atestados como concretamente realizados, em diferentes suportes em que se expressam cientistas, escritores, repórteres, cronistas, editorialistas, comentaristas, articulistas, legistas e outros "istas" da comunidade encarregada da informação pública e formal. Os usos que ocorrem nesses contextos é que representam os parâmetros da *norma culta real*, aquela que deveria constituir a referência de identificação da norma prestigiada, uma vez que corresponde aos falares mais típicos da interação escrita, pública e formal.

Não é sem propósito lembrar que a parcela da população que usa essa norma culta real, como todas as outras, é *móvel*, é *heterogênea*, e, portanto, se manifesta em usos *variados*. Pode-se prever, então, que essa norma culta real seja inexoravelmente flexível e suscetível de sofrer alterações de diferentes ordens, contanto que não fique ameaçado o caráter interativo da língua — diante do que todo usuário é extremamente zeloso.

Outro conceito ainda perpassa esse domínio "meio minado" da norma. Trata-se do que se tem chamado de *norma padrão*. Vejamos a seguir:

7.4. Norma-padrão

O conceito de norma-padrão, em determinado período da história brasileira, esteve associado a um projeto da sociedade letrada de pretender garantir, para a comunidade nacional, uma certa uniformidade linguística, entendida aqui como o cuidado por criar uma *língua comum, estandardizada*, com ênfase no geral, e não em particularidades regionais, locais ou setoriais. Como vemos, trata-se também de uma espécie de projeção, difusa e ampla, que tende para a manutenção dos padrões que representam os usos gerais. Tende, portanto, a ser conservadora e a privilegiar aquilo que não representa o específico de uma região ou de um setor. Idealmente, essa norma-padrão tenciona facilitar a eficiência da interação pública pelo fato de propor que *se fale a mesma língua*, neutralizando-se certos usos restritos a determinados grupos ou regiões.

Em princípio, como é possível observar, essa visão de norma-padrão tem subjacente um aspecto interessante quando pretende possibilitar uma *linguagem*, digamos, *igual* para todas as comunidades, afastando a possibilidade de que algo dificulte ou impeça algum setor de ter acesso às informações gerais veiculadas. Aparentemente, o propósito não deixa de ser bem intencionado. Na prática, no entanto, traz as irremediáveis consequências de implicar elementos da vida socioeconômica e política dos grupos.

De fato, o parâmetro pelo qual aquele *geral* é definido corresponde exatamente àquela *norma culta ideal*, o que faz com que essa norma-padrão seja regulada pelo que a classe social de prestígio ou certos órgãos oficiais estipulam como sendo *o melhor uso da língua*. E aí todos aqueles velhos pecados voltam a ser cometidos: os que ficam fora do padrão não são apenas *diferenciados*; são também *inferiorizados, desprestigiados*, e as mudanças provocadas pelo próprio fluxo natural da língua são tidas como *sinais de decadência*. Como tudo o que diz respeito à língua e a seu uso, a norma-padrão também não escapa às artimanhas das ideologias que rondam o uso da linguagem.

Normalmente, é muito complexo caracterizar essa norma-padrão, já que, como vimos, se trata de uma projeção que tem como referência outro "saco de gatos", que é aquela norma culta idealizada como norma exemplar.

Assim mesmo, admite-se que, tal como a norma culta, a norma-padrão — apesar de toda a sua fluidez — deve ter como parâmetro de definição os usos linguísticos efetivamente realizados; isto é, aquilo que está acontecendo, no aqui e agora das mais diversas situações de interação verbal.

Com base no real, deixamos as nuvens de nossas projeções — imaginadas — para pôr os pés no que, de fato, acontece, oralmente e por escrito. Veremos, então, que todos os usos linguísticos estão submetidos a inúmeros e imponderáveis fatores pragmáticos, que mexem a toda hora com seus limites. Mesmo assim, o parâmetro para se avaliar a legitimidade de qualquer norma não pode ser outro senão o uso que se atesta na vida cotidiana das pessoas.

Fica claro, então, que o fenômeno da variação das normas linguísticas é, portanto, um fenômeno inerente à própria natureza das línguas. O mal foi termos atribuído a esse fenômeno da "variação" uma conotação negativa. Aí, então, mudança linguística, como já referi, passou a significar decadência, degeneração ou coisa que o valha. Nessa ótica, o movimento da língua é, então, inexoravelmente, um movimento que vai do melhor para o pior. Isto é, a forma "melhor" da língua é sempre aquela do passado, anterior às mudanças de agora.

Acontece que, no domínio das línguas, nenhuma mudança é aleatória, fruto do acaso. Cada uma tem sua lógica e sua motivação. Facilmente se pode explicar por que um item ou um padrão são substituídos por outros. Só para dar um exemplo, posso lembrar o caso do verbo assistir, que tem passado a ser usado como transitivo direto (*Bernardo assistiu o jogo inteiro sentado na primeira fila*), uma vez que, nesse contexto, é percebido pelos falantes com o sentido de ver, um verbo também transitivo direto.

Então, não se trata de uma corrupção (termo carregado de conotações pejorativas), mas de uma mudança de percepção, em outros momentos históricos, submetidos a outros comportamentos sociais. Não tem sentido, pois, manter, a ferro e fogo, um padrão de regência verbal que nem mesmo os mais cultos, os mais escolarizados adotam, até mesmo nas situações mais formais. Como o verbo *assistir*, já lembrei também os verbos *preferir, implicar, visar, aspirar*; verbos que, também por usuários que convivem com a escrita, têm tido sua regência alterada em relação ao que ditam as gramáticas normativas.

Por sinal, esses novos usos da regência verbal e de outros pontos da gramática têm tido boa serventia para alimentar o estoque de questões das provas de concursos que precisam lançar mão dessas picuinhas gramaticais para eliminar o excesso de candidatos. Se não fossem esses concursos...

Por que teimar em julgar como erros usos que já são atestados como preferenciais, como regulares, no discurso corrente das pessoas mais escolarizadas? No mínimo, teríamos que apontá-los como duas formas opcionais, *à escolha do freguês*.

Vale destacar que essa perspectiva mais aberta, mais crítica já é aceita explicitamente pelo *Dicionário Houaiss*, o qual já registra como normais muitas dessas regências (ver, por exemplo, os verbetes *preferir, visar, assistir*). Na mesma ótica se pode considerar o *Dicionário gramatical de verbos do português contemporâneo do Brasil*, coordenado por Francisco da Silva Borba. Além desses, o *Guia de uso do português*, de Maria Helena de Moura Neves, já incorpora explicações a respeito das mudanças na regência de alguns verbos, o que atenua a ideia de erro, evocada sempre como a saída para qualquer novo padrão.

Parece oportuno considerar que, no Brasil, o estabelecimento daquela norma-padrão unificadora já representou uma preocupação maior do que representa atualmente. Foi prática comum, sobretudo em instituições ligadas aos meios de comunicação de massa, uniformizar os sotaques e outras expressões regionais típicas, para "apagar" as diferenças e possibilitar um padrão único de pronúncia e de escolha lexical. Atualmente, já se constata alguma abertura à incorporação de diferenças de normas e padrões. Pelo menos, a neutralização dessas diferenças já não representa uma primazia nacional, embora ainda se possa ver a coexistência dessa abertura com visões claramente uniformizadoras.

Retomando a dimensão global do conceito de norma, podemos perguntar: qual a referência para estabelecer a norma culta?

Tradicionalmente, foi a literatura, senão a única, pelo menos, a principal referência para a definição dessa norma, o que, mais uma vez, vincula o julgamento da "boa linguagem" às possibilidades de leitura concedidas às classes sociais privilegiadas.

No momento, não se descarta a ideia de que a literatura seja referência para a norma culta; no entanto, se postula que, além da literatura, outras atividades de uso da linguagem também exerçam essa função. Haja vista a linguagem da imprensa, da divulgação científica, das exposições didáticas, da administração pública, entre outras.

De fato, a literatura não pode ser a *única* referência para todos os usos da língua, pois constitui um uso bem específico ou uma expressão bem peculiar da atividade linguística (a língua com função estética, ancorada no domínio da fantasia e das relações simbólicas). Como adiantei logo atrás, os usos, em geral, atestados em contextos de certa formalidade, como falas públicas, escrita de livros, de jornais, de revistas, constituem, atualmente, outras referências para o que se pode considerar como normas cultas.

Admitindo essa ampliação de referências, faríamos o percurso mais acertado: aquele que vai do *uso geral* (não apenas aquele privativo da literatura) para *a norma*. Neves (2003, pp. 21-22) propõe exatamente isso: que o percurso seja feito *do uso* para a *norma*, quer dizer, seja feito com base na "observação da produção linguística efetivamente operada".

Voltaremos a esse ponto ainda mais adiante, no capítulo 9.

Feitas algumas distinções e chamadas de atenção, podemos voltar ao cerne da questão para nos perguntar *se existe apenas uma única norma linguisticamente válida: a norma culta.*

O fato de a norma culta corresponder à norma socialmente prestigiada não significa que ela seja a única a poder ser validada como legítima representante da língua. A valoração positiva que recebe é devida, como vimos, a fatores de ordem socioeconômica, e não a fatores propriamente linguísticos. Dizer *assistir o jogo ou assistir ao jogo* não implica nenhum grau maior ou menor de perfeição linguística. Se um é considerado mais certo que outro é por mera convenção social, que se sustenta até o dia que os falantes quiserem.

Na verdade, como lembra Luís Fernando Veríssimo, quem manda na língua somos nós, seus falantes diários. Os gramáticos vêm depois. Millôr – um linguista por intuição – diz que "quando os eruditos descobriram a língua, ela já estava completamente pronta pelo povo. Os eruditos tiveram apenas que proibir o povo de falar errado". E diz ainda: "Nenhuma língua morreu por falta de gramáticos. Algumas estagnaram por ausência de escritores. Nenhuma sobreviveu sem povo" (Millôr, 1994, pp. 284-285).

É que todas as variações de norma são linguisticamente legítimas. Na verdade, insisto, o que define uma variação linguística como "melhor ou pior", como "mais certa ou mais errada", como "mais bonita ou mais feia" é o nível social das pessoas que usam essa variação. Não admira, pois, que o "português errado" seja exatamente o português falado pelas classes desfavorecidas, já estigmatizadas em outros setores e excluídas de outras vantagens sociais.

Mas, podemos, em algum contexto, usar a norma não culta ou estigmatizada? Claro que sim! Pelo simples fato de querermos ser comunicativamente eficientes, procuramos adequar os usos às condições da situação, o que nos leva à possibilidade de usarmos registros da norma não culta. Para sermos eficientes, repito, e, não, por negligência.

Nesse contexto, os usos fora do parâmetro culto não indicam despreparo linguístico, ignorância gramatical, mas, ao contrário, indicam empenho por ser eficiente e poder garantir o sucesso da interação. A transgressão, nesse caso, vira recurso; vira tática para assegurar uma maior eficiência comunicativa. Nada mais apropriado do que, em um contexto de carnaval, como já disse, um grupo de escritores proclamar, no lema de seu bloco: "Nóis sofre, mas nóis goza!".

Em nenhum momento, no entanto, pretendo alimentar o simplismo demagógico de que *qualquer jeito de falar serve para qualquer situação*, pois "tudo *comunica*, e *isso é o que basta*". Nem sempre basta comunicar, refuto. Pelo contrário, quase sempre, ser eficiente vai além de apenas se fazer entender. *Para qualquer situação vale o jeito de falar que é adequado a essa situação.*

Um problema que ronda a linguagem é o hábito de generalizar indiscriminadamente, segundo o qual "tudo vale pra tudo". É de fundamental importância saber discernir o que é adequado a cada situação, para se poder, com eficiência, escolher esta ou aquela norma, este ou aquele padrão vocabular, este ou aquele tom, esta ou aquela direção argumentativa. Dificilmente, há alguma coisa no âmbito da linguagem da qual se pode preconizar uma rigidez absoluta.

Quase tudo depende... De muita coisa... Só não depende quando a gente toma essa linguagem como um objeto desencarnado, descontextualizado, numa frase solta, que ninguém disse, em lugar nenhum, para sujeito algum. Aí, a gente diz e escreve (com cuidado para não errar!): "Meu tio fugiu", quando a gente nem mesmo tem um tio. Não importa. A gente está apenas fazendo de conta que isso – solto e desencarnado, sem referência alguma de espaço e tempo, de parceiro e intenção – é uma atividade de linguagem.

Em síntese, parece que:

> Estamos longe de ver o cidadão comum e o professor reconhecendo que a variação linguística é nada mais que a manifestação evidente da essência e da natureza da linguagem, reconhecendo que há um padrão valorizado, sim, mas que o uso do padrão prestigiado não constitui, em

si, e intrinsecamente, um uso de boa linguagem, e que essa avaliação só ocorre pelo viés sociocultural, condicionado pelo viés socioeconômico (Neves, 2003, p. 35).

E dizer isso significa admitir que ***a norma socialmente prestigiada não é a única norma linguisticamente válida***, o que desfaz o quarto equívoco em questão.

7.5. Implicações para o ensino

Aceitar esses princípios leva a que se adote também o conjunto de posturas que passo a discriminar.

- Mesmo aceitando que existem normas socialmente mais prestigiadas que outras, não podemos alimentar a ideia de que existem *normas* ***inerentemente*** *melhores, mais bonitas, mais lógicas, mais puras que outras*. O prestígio vem por conta de fatores sociais apenas, e não em decorrência de algum fator linguístico. Consequentemente, devemos rejeitar a impressão de que aqueles que falam fora da norma culta são *rudes, pouco inteligentes, ignorantes e incultos*. Devemos estar atentos para esclarecer a falta de fundamentação desses e de outros mitos secularmente alimentados[4]. Devemos ainda rejeitar (denunciá-la, até!) qualquer atitude preconceituosa e não perder a oportunidade de abrir a discussão sobre tais pontos, a fim de possibilitar um entendimento equilibrado da questão: existem muitos falares; todos são legítimos; cada um é apropriado a uma situação particular. Competente é aquele que domina o maior número possível desses falares, inclusivamente, aquele falar apropriado às situações mais ligadas à fala e à escrita formais.

- É conveniente ainda ser cauteloso no julgamento de usos tão facilmente considerados como errados, e abrir mão de certo rigor no julgamento desses erros. Com efeito, a perspectiva do erro é a

4. Será que a gente pode absolutizar certas afirmações míticas, como aquela de que "quem fala errado não tem chance de subir na vida"?

única com a qual muita gente aprendeu a olhar certos usos da língua. Bem que alguns desses usos podiam ser analisados em outras perspectivas, por exemplo, se poderia dizer: "Esta forma, como está, pode provocar ambiguidade; pode prejudicar a clareza; pode parecer demasiado taxativa" (ou, conforme o caso, demasiado complacente). Ou seja, seria muito mais proveitoso que se propusesse *um novo olhar sobre a língua*, outra ótica, outro foco, menos rígido, menos montado no critério da correção, que tudo vê como erro gramatical. Não por acaso o professor de português é um profissional naturalmente associado a *erro de gramática*. Parece que a língua só apresenta um requisito para ser eficaz: estar correta. Quantos discursos corretíssimos não são falhos do ponto de vista da comunicação! (Analisemos alguns em sala de aula). Ou porque são óbvios, ou porque são inconsistentes, ou porque são enganosos, porque prometem uma salvação que não podem dar; ou porque são confusos, superficiais, manipuladores etc., etc.

◗ Vale a pena insistir numa questão central: a de providenciar para o aluno oportunidades de acesso ao ***padrão valorizado*** da língua, como propõem Neves (2003, p. 18) e muitos outros linguistas atuais. Longe de qualquer teoria linguística a orientação de negar a todos os falantes esse acesso. O problema é discernir sobre o que faz parte desse padrão e adotar uma visão não purista, de flexibilidade, de abertura, para incorporar as alterações que vão surgindo; o problema é, ainda, não julgar essas mudanças como, simplesmente, provas de decadência da língua e, assim, não subestimar ou não ridicularizar aqueles que fogem a esse padrão socialmente prestigiado. A convivência ***amiudada*** (quer dizer, não esporádica, não eventual, no dia que der certo!) do aluno com a produção linguística valorizada — como exemplares da literatura, da imprensa, da divulgação científica, por exemplo — representa, sem dúvida, uma condição para a incorporação gradual desse falar/escrever prestigiado.

◗ A leitura e a análise de textos ganham relevância na perspectiva do que ora se discute. Não são as frases soltas nem as listas de palavras que vão promover o desenvolvimento de uma competência comunicativa, a qual se desdobra, naturalmente, numa competência gramatical, numa competência lexical, numa competência textual e discursiva. De tanto ver nos textos coisas bem escritas, bem ditas (benditos textos!) e de tanto analisá-las, discutir sobre elas, acabamos por incorporar – pelo menos como parâmetros – esses padrões. Que o foco do ensino seja a reflexão linguística, o pensar sobre a linguagem; centrados na dimensão discursiva e interacional da língua. Daí que, como se tem dito, o texto não é uma opção entre outras. É *a opção*.

◗ Essa convivência com a produção textual nos levaria, ainda, a estimular o interesse pela pesquisa sobre o *português brasileiro contemporâneo*[5]. Poderia ter, entre muitas outras, a vantagem de afastar a ideia simplista de que "os portugueses falam melhor o português do que os brasileiros".

Em suma, no domínio da comunicação e da interação verbal, a tolerância à diversidade e às diferenças também representa uma condição da convivência madura e plenamente cidadã. Que cada um seja capaz de discernir quando e em que teor essa tolerância se ajusta.

5. O interesse pela pesquisa do português brasileiro contemporâneo tem crescido nos cursos de graduação, nas especializações, nos mestrados e doutorados. O livro de Bagno, *Português ou brasileiro – um convite à pesquisa* (São Paulo: Parábola Editorial, 2001), constitui uma amostra de como realizar projetos nessa área. A esse propósito, ver ainda a *Revista Veredas*, vol. 8, jan./dez. 2004.

CAPÍTULO 8

Nem todo uso de língua tem que se pautar pela norma culta

O OUTRO EQUÍVOCO que a falta de uma perspectiva científica sustenta é o de que toda atuação verbal deve estar conforme as regras da norma culta. Ou seja, norma culta, sempre; a qualquer hora, em todo lugar, independentemente das condições de realização da atividade. Uma espécie de uniformidade incondicional; de nivelamento "por cima", como acreditam alguns. Ora, essa pretensão não passa de uma idealização, sem condição alguma de poder vir a realizar-se. Em nenhuma língua. Os próprios usuários se encarregam de desmistificar essa idealização.

Vamos desenvolver um pouco esse ponto.

8.1. O fenômeno da variação linguística

O equívoco em foco neste capítulo 8 tem na raiz a ideia de que só se deve falar segundo a norma culta. Independentemente de qualquer situação. Tem-se em mente, assim, o mito de uma língua uniforme, sem variação, sem adequação à situação em que é usada e, lá no fundo, o outro mito de que a norma culta é inerentemente melhor que as outras. No entanto, a ciência linguística defende que *o bom uso da língua é aquele que é adequado às condições de uso.*

Existem situações sociais diferentes; logo, deve haver também padrões de uso da língua diferentes. A variação, assim, aparece como uma coisa inevitavelmente normal. Ou seja, existem variações linguísticas não porque as pessoas sejam ignorantes ou indisciplinadas; existem, porque as línguas são fatos sociais, situados num tempo e num espaço concretos, com funções definidas, E, como tais, são condicionados por esses fatores. Além disso, a língua só existe em sociedade, e toda sociedade é inevitavelmente heterogênea, múltipla, variável e, por conseguinte, com usos diversificados da própria língua.

Evidentemente, nessa linha de concepção, a norma culta não deve ser endeusada, absolutizada, como um recurso suficiente ao sucesso da interação, nem tampouco ser rechaçada, como algo que se deve evitar para não parecer pernóstico, por exemplo. Deve, sim, ser usada, adequadamente, quando a situação assim o exigir. É uma opção; que está disponível.

Em situações informais, da vida privada, um uso incomum, fora dos padrões da coloquialidade, pode representar esquisitice ou, até mesmo, pedantismo; como pode representar incompetência não usar a norma culta numa situação formal, num contexto institucional, por exemplo. Em qualquer um dos casos, fica comprometida a eficiência da interação, pois a necessária cooperação entre os interlocutores parece estremecida. Nesse sentido, é que se apregoa que a "correção" linguística, *a priori*, não garante que a comunicação se faça com eficácia.

O ponto presentemente em questão gerou a maníaca fixação dos professores (e da população escolarizada em geral) nos *erros de gramática*, como venho insistindo. É impressionante como tudo o que é diferente é apontado como erro. E "os erros são muitos", creem. Tanto que "é muito difícil falar bem" — o que é igual a *falar certo* (na capa da revista *Veja* n. 1.725, de 7 de novembro de 2001, a manchete era: "O brasileiro tem dificuldade de se expressar corretamente").

Geralmente, a visão equivocada que se tem da gramática leva a atribuir-se demasiada importância aos erros, favorecendo nas pessoas a consciência de uma incompetência crônica, em função do que a melhor coisa a fazer é calar (principalmente se, por perto, estiver um professor de gramática; dessa forma, um inibidor incondicional da palavra do outro).

Não por acaso uma das maiores certezas com que os alunos saem da escola é a de que não sabem falar (e muito menos escrever). Também não é casual o interesse tão grande dos professores por saberem como corrigir os textos dos alunos, muito antes de saberem *como* ***ampliar, em si próprios e nesses mesmos alunos, a competência*** na fala e na escrita. Na verdade, até mesmo o *corrigir* apenas tem sentido se estiver em função dessas *competências*.

Somente uma língua idealizadamente descontextualizada é uniforme. E o que é uma língua descontextualizada? É a língua artificial, inventada; língua para dar exemplos. É a língua das frases soltas, que continuam a ter lugar nas salas de aula. Língua que não tem como referência uma situação, um sujeito, uma finalidade comunicativa. Parece uma coisa oca.

Quando, em um livro didático, se diz, por exemplo: "As frases podem ser classificadas de acordo com a mensagem que elas estão transmitindo", esse *elas*, por mim aqui destacado, não são as pessoas que interagem; são as frases; como se elas significassem sozinhas; como se a língua funcionasse sem interlocutores. Por isso mesmo, a proposta aí implícita é a de uma língua impessoal; daí, uniforme. E, como a norma culta é tida como a melhor, a saída é recorrer a ela, em qualquer situação, embalados pelo "sonho", pela "quimera" de que, se falarmos como cultos, estamos falando bem. Na verdade, um equívoco sustenta o outro.

Numa abordagem contextualizada, a variação naturalmente aparece. Porque quem está no comando são pessoas; pessoas heterogêneas. São elas que significam; em frases que estão inseridas em um texto, para ***alguém;*** com a finalidade de informar, ou de expressar um pedido ou uma ordem, colher uma informação, apresentar uma justificativa, refutar uma opinião etc. Ou seja, a língua contextualizada *inclui pessoas, inclui sujeitos*. Sujeitos, em muitos pontos, mandantes, com capacidade para tomar decisões. Por isso mesmo é que existe lugar para a variação linguística e, consequentemente, para diferentes normas.

Simplistamente há quem pense que esse tipo de princípios levaria os professores à frouxidão, ao relaxamento, ao descuido de cada um com os propósitos de capacitar-se linguisticamente. Pelo contrário: quanto maior a capacidade do falante de usar diferentes normas e diferentes registros — do mais formal ao mais informal — tanto mais competente ele é. Portanto, o que se está pretendendo com a admissão de uma atitude positiva frente à variação é *muito mais* do que se faz atualmente na escola. Na verdade, é preciso *enxergar para fora da sala de aula.* ***Aí****, a variação campeia...*

Essa tendência à variação é universal. Bagno lembra que, como não se escuta com frequência o português falado em Portugal (quando isso acontece, em geral, se escuta o português das elites), e o convívio maior que se tem é com o português escrito por lá, pode-se alimentar a ideia ingênua de que o português lusitano não apresenta variações. E assim, ainda hoje, tudo acontece como num texto de Camões, de Vieira ou de Eça, ou de Pessoa. Pura ilusão. Não existe língua sem variação. O desafio é ter a competência suficiente *para variar conforme as condições de realização da atividade verbal*. Por isso, o que se pretende não é menos do que se faz atualmente; é bem mais; muito além; "mais que demais".

Quanto maior é o domínio das variedades de uma língua, maior é a capacidade de alguém para usá-la adequadamente em cada circunstância. ***Não há por que usar, em toda oportunidade, as variedades cultas***. Esse foi mais um equívoco que se aninhou na cabeça do povo e que tentamos aqui neutralizar.

8.2. Implicações para o ensino

Uma função da escola na ampliação da competência comunicativa dos alunos é cultivar *o apreço pela diversidade.*

Diversidade:

- de modalidade de uso da língua – explorando, assim, textos orais e textos escritos[1];
- de norma – explorando textos expressos na norma-padrão nacional e textos exemplares de normas regionais; textos na norma culta e textos fora dessa norma;
- de registro – oferecendo textos do nível mais formal ao mais informal, com as específicas características lexicais e gramaticais;
- de interlocutores – estimulando o diálogo com crianças, jovens, adultos, familiares, estranhos, autoridades, colegas, pessoas determinadas, público em geral;
- de suportes – promovendo o contato com textos de livros, de jornais, de revistas, de murais, de boletins, de faixas, de cartazes, de *outdoors* etc.);
- de funções – possibilitando o convívio do aluno com textos literários (em prosa e em verso) e textos não literários (informativos, expositivos, persuasivos, apelativos, explicativos, opinativos etc.);
- de universos de referência – com a apresentação de textos que remetam para mundos diferentes, como o cotidiano das cidades e do campo, dos homens e das mulheres, do trabalho, do lazer, das descobertas científicas, das relações humanas etc.;
- de tipos (narrativos, descritivos, expositivos, dissertativos, injuntivos) e de gêneros de texto – providenciando o acesso a relatos, notícias, reportagens, relatórios, resumos, resenhas, crônicas, entrevistas, anúncios, avisos, editoriais, artigos de opinião, entre tantos outros;

1. No âmbito dessa diversidade, lembramos o interesse que se deve suscitar pelo desenvolvimento da Língua Brasileira de Sinais (LIBRAS) e por seu estudo, tanto no meio acadêmico quanto na sociedade em geral (cf. Gesser, 2009).

- de complexidade desses textos – explorando textos curtos e mais longos; fáceis e mais difíceis (no tema e na composição); gerais e mais específicos; claros e mais herméticos etc.;
- diversidade, enfim. Para ser fiel à língua real, à *língua variada* que, de fato, acontece todo dia.

Logo, as análises de frases soltas, sem enunciador, sem interlocutor, fora de um tempo e de uma situação cultural concretos, ficariam muito em segundo plano (ou até fora de todos os planos!). Em primeiro plano, deve ficar a análise de textos para entendimento do que foi dito; ou melhor, *do que foi feito* com o que foi dito (se perguntar, responder, persuadir, advertir, apoiar, refutar, sugerir, saudar, enaltecer, ressaltar, sintetizar etc.) e como isso foi possibilitado, sob que formas linguísticas e sob qual composição textual.

Ainda a propósito do tema da variação linguística, vale a pena lembrar o seguinte: tem sido comum encontrar propostas de exercícios, a partir de textos fora da norma culta – como os do Chico Bento, por exemplo – para que os alunos "os passem para a norma culta".

Essa tarefa esconde pretensões que podem ferir os princípios da sociolinguística, pelo menos. O comando de passar para "a outra norma", no contexto escolar, já traz embutida a ideia de que a outra "é melhor" (às vezes, a proposta é mesmo "para que os alunos corrijam a fala do outro"), o que vai reforçar todos aqueles mitos a favor da hegemonia de uma norma sobre as outras. Além disso, a norma de cada um, que é norma de sua região, como vimos, é marca da identidade cultural de seu grupo. Alterar-lhe, pois, os padrões da fala é descaracterizar essa fala, é tirar dela aquilo que faz a originalidade de sua feição. Passar para outra norma, por exemplo, a letra das canções de Luís Gonzaga ou os poemas de Patativa do Assaré é apagar desses textos a marca de seu enraizamento cultural. É tirar-lhes seu sabor, seu gosto da terra; sua graça. É desfazê-los, afinal. O "*assum preto*" não canta tão bonito a não ser na letra com que ganhou "a mata em frô" do Brasil.

Assim, que saibamos trazer Chico Bento, Luís Gonzaga ou Patativa do Assaré, não para corrigi-los, não para apagar suas diferenças de expressão, mas para usufruir de suas criações, enriquecer nosso convívio, completar nosso encantamento. Deixemos que eles falem exatamente como falam, que é parte do que eles são.

O convívio com essas diferenças poderia ser uma oportunidade para se abrir o debate em torno da variedade de falares que coexistem no país, sem emprestar qualquer resquício de mais valor a um ou a outro. Seria a oportunidade para que fossem cultivadas noções de respeito ao direito de expressão de todos, ao direito de participação de cada grupo — sob a singularidade de sua cultura — na vida das manifestações nacionais.

A exploração que é feita, por vezes, da figura de Chico Bento ainda se presta a outras impropriedades. Concretamente, esse rapaz é apresentado — numa caracterização visivelmente precária — como o protótipo do homem do campo, "lídimo representante da roça". Com isso, se cria (ou se reforça!) uma representação infiel das pessoas que vivem no campo.

A gente poderia até pensar que essas representações são inocentes, não deixam marcas, são apenas iscas para se apanhar o peixe de boas propostas. Nada disso. É por meio da exploração dessas figuras que vamos construindo uma oposição mítica e falseada entre o mundo urbano e o mundo rural: o mundo da abastança e o mundo da precariedade; o mundo do desenvolvimento e o mundo do atraso; o mundo da linguagem bonita e o mundo da língua estropiada; o mundo dos inteligentes e o mundo dos rudes e dos incultos.

Que a escola não se preste a reforçar esse fosso — nem nenhum outro — entre mundos de qualquer espécie. Que ela, ao contrário, saiba desenvolver a capacidade dos alunos para acolher as diferenças, com o máximo respeito por aqueles que as apresentam, sem o sentimento de que estão fazendo concessões ou sendo compassivos com os diferentes. Simplesmente, porque a diferença é a parte mais significativa daquilo que nos faz iguais.

[illegible] os ministros, [illegible]

[illegible] ao acaso [illegible]

[illegible] tratamento [illegible]

[illegible] desta(s) maneira(s). [illegible]

[illegible] [illegible]

A [illegible] [illegible]

[illegible] o mundo [illegible] dos intelligentes [illegible]

[illegible] [illegible] capacidade [illegible] sentimento de que [illegible] [illegible] simplesmente [illegible] significativo [illegible]

CAPÍTULO 9

Um novo padrão gramatical não se justifica prioritariamente pelos manuais

O OS ESTUDOS GRAMATICAIS tiveram sua relevância histórica como propiciadores de uma reflexão filosófica acerca da linguagem ou acerca dos processos cognitivos que permitem ao ser humano fazer uso da linguagem[1]. De fato, sob diferentes ângulos, a linguagem sempre exerceu sobre as pessoas certo fascínio e aguçou-lhes bastante a curiosidade.

Além disso, o interesse de algumas culturas por assegurar a seus membros desempenhos mais eficazes na atividade de persuadir resultou na retórica — uma série de princípios orientados para regular "a arte de falar corretamente" —, o que viria reforçar o caráter disciplinador dos estudos gramaticais.

1. Bagno desenvolve uma reflexão ampla e consistente sobre o que se tem chamado de gramática tradicional, no primeiro capítulo de seu livro *Dramática da língua portuguesa* (pp. 15-43).

Com essas e outras finalidades, como a de preservar a língua original de determinadas comunidades, os estudos gramaticais ganharam corpo e assumiram uma feição cada vez mais prescritiva; feição que não se perdeu ao longo dos séculos; pelo contrário, perdura até hoje.

Não sem razão, portanto, algumas distorções, melhor dizendo, algumas reduções se produziram quanto à função atribuída aos manuais de gramática. Consensualmente, esses manuais passaram a "ditar" a língua, como se ela não fosse anterior a eles; como se não pudesse existir sem eles. Vale o que eles dizem, o que eles prescrevem. Eles, os manuais, é que mandam. Uma inversão que nos deixa reféns dos autores desses manuais, que nos deixa submissos a suas visões de língua — umas mais, outras menos puristas. Dessa forma, regulamos o nosso "dizer" por aquilo que eles acham que deve ser, conforme seus parâmetros de tolerância.

Parece urgente, pois, que essa questão seja discutida até chegarmos a descobrir, como L. F. Verissimo, "quem manda na língua" e a serviço de quem ela é, existe e persiste.

Assim, proponho-me a refletir sobre o seguinte ponto: *onde buscar apoio para decidir sobre questões de uso da língua*, principalmente aqueles usos tidos como problemáticos, por revelarem discrepâncias e, dessa forma, suscitarem dúvidas quanto à sua legitimidade formal, semântica ou pragmática.

O problema decorre do seguinte: em geral, diante de uma dúvida — se *diz assim ou assado?* —, a maioria das pessoas simplesmente resolve *consultar um manual de gramática normativa* (não importa de quando nem de que perspectiva). E, se por acaso, a resposta procurada está lá, desaparecem as dúvidas; não há mais o que questionar.

Que outra atitude poderia ser tomada? Vejamos:

9.1. As normas dos manuais

Como adiantamos no início deste capítulo, os manuais de gramática têm assumido, no estudo das línguas, um papel extremamente importante, talvez mais do que lhes é legitimamente devido. Por razões históricas que remontam a tempos seculares, foi atribuída à gramática, ao lado de uma função eminentemente descritiva, uma outra de preservar, de garantir "o bom uso da língua". Isso a elevou a um patamar de guardiã; de vigia, a bem dizer, o que impede a entrada ou a saída de forças que possam pôr em perigo a integridade do território. Nesse contexto, dispor de regras bem delineadas, fixar parâmetros, estabelecer condições de uso passou a ter prioridade, até mesmo em relação àqueles objetivos mais descritivos.

Por força dessas e de outras circunstâncias, ainda, esse conjunto de regras ganhou, no consenso geral, o estatuto de lei, de doutrina, de dogma. Passou a ser intocável, infalível, perante o qual só restava a opção de *conhecer* e *seguir*. Como em relação a outras verdades intocáveis, em caso de dúvida, se recorre à clássica alegação de que: "vale; pois está dito". No caso em apreço, *estar na gramática* é suficiente para se desautorizar qualquer dúvida ou hesitação.

O certo é que, desde cedo, nós, os que passamos — pouco ou muito — pela escola, aprendemos a ver os manuais de gramática como "códigos completos, exatos e inteiramente confiáveis", onde se pode encontrar a resposta certa para todo problema linguístico.

Qualquer um de nós que se aventura pela consulta às gramáticas sabe que não é bem assim. Nenhum manual de gramática pode ser completo. A língua é *grande demais*, seus usos são deveras complexos e plurais para caberem em algumas poucas centenas de páginas. Nenhum manual de gramática pode ser exato. A língua é fluida, é movediça; escapa constantemente a nossas projeções, pois é comandada por pessoas, que, necessariamente, nunca se repetem, nem mesmo quando dizem o mesmo duas ou mais vezes.

Mas, o que fazer diante desses manuais, nós, professores, alunos e simpatizantes?

Evidentemente, não pretendo com esta reflexão cortar (nem sequer desestimular) a consulta aos manuais de gramática. Longe disso. Eles guardam parte da memória da língua e explicitam alguns dos princípios que marcam a sua identidade, exercendo, assim, um papel de grande importância histórica.

O que interessa no momento é mostrar que ***a consulta aos manuais de gramática não deve ser o único respaldo que procuramos para decidir sobre usos alternativos da língua***.

Buscar, em primeira mão — e, por vezes, unicamente — o manual de gramática implica que transferimos para os gramáticos toda a autoridade sobre *como dizer o que queremos*. Eles é que sabem; eles é que ditam as regras; têm toda a autoridade, acreditamos. Diante do que dizem, não nos cabe discutir mais nada, nem sequer levantar outras possibilidades sobre a validade do que está proposto, mesmo se observamos que os usos do dia a dia vão em direção contrária.

Aprendemos desde cedo a não desconfiar de gramático.

Essa atitude remonta às práticas medievais de quantos, se contentando com a consulta aos livros, se recusavam a *olhar a realidade*, para constatar a possível existência de novos fenômenos. O que estava escrito nos livros tinha mais força do que a evidência dos fatos. Não precisava, pois, observá-los. Bastava crer no que estava documentado.

Possenti (2001, p. 61) adverte que muitos de nós procedemos como esses medievais: nos contentamos com a consulta ao que consta nos livros de gramática e nos dispensamos de cultivar a observação dos fatos para obter a confirmação ou a descoberta do que existe.

Essa espécie de cegueira é agravada pela multiplicação de colunas jornalísticas e outros tipos de "pacotes gramaticais", com dicas rápidas e pontuais sobre questões dessa ordem, sempre com o intuito simplista de que "não se erre mais", alimentando, ainda por cima, a outra visão simplificadora de que basta um texto não ter erros para funcionar bem como evento comunicativo.

O que pretender, para além dessa "postura medieval" de prender-se às normas dos livros?

Vamos ver:

9.2. As normas do uso

O que pretendo defender — na esteira de muitos outros linguistas — é a relevância de que devemos, também, debruçar-nos sobre a realidade dos fatos linguísticos (*fatos* e, não, *suposições*), para ver e ouvir a língua acontecendo, tal e qual (sem tirar nem pôr, como diz o povo). E, consequentemente, dar crédito ao que se vê e ao que se ouve, para não delegar aos manuais apenas toda a legitimidade ou a adequação de um uso ou de uma norma.

Bagno (2000, p. 27) diz que não é a língua que precisa do gramático. O gramático é que precisa da língua como matéria, como fonte para seu estudo e suas descrições, o que o põe em confronto com a realidade e lhe permite a adoção de uma postura eminentemente científica.

O mesmo seja dito em relação a nós: falantes da língua. Os usos em vigência é que devem constituir o parâmetro para nossas opções, o que nos leva a cultivar a observação dos dados, o levantamento de hipóteses; a verificação empírica; a atenção às críticas e análises autorizadas; as atitudes de investigação, e não de consulta passiva aos manuais apenas.

Em síntese, diante de uma dúvida, em vez de recorrer imediatamente aos manuais, por que não buscamos identificar os usos que predominam nos setores da comunicação pública e formal — como a literatura ou a imprensa — para decidir sobre as formas preferidas pelos usuários? Se agíssemos assim, com certeza, não vacilaríamos em admitir que a regência do verbo *preferir*, do verbo *implicar* e de outros segue, entre pessoas com alto grau de escolaridade, padrões diferentes dos que constam nos manuais de gramática.

Ou seja, os usos efetivos da língua, isto é, *aquilo* que, presentemente, *dizem e escrevem as pessoas que lidam com as situações formais de uso da língua é que constituem o respaldo mais autorizado para se decidir frente à pluralidade de normas*; para que não se caia no abuso e na alienação de estabelecer normas à revelia do uso.

Ilari & Basso (2006, p. 223) comungam do mesmo ponto de vista e, muito graciosamente, afirmam:

> Já faz muito tempo que a língua da literatura, dos grandes jornais e revistas de informação e entretenimento e a língua que se fala nos programas de televisão sérios não é mais aquela que se descreve nas gramáticas: como a Carolina da canção, os gramáticos continuaram olhando com olhos fundos suas próprias elucubrações, e não perceberam que o tempo passou na janela.

De forma menos poética, mas igualmente pertinente, Perini (2006, p. 40) declara que uma característica fundamental das gramáticas atuais é serem elas

> elaboradas através da cópia de gramáticas mais antigas, e nunca através de pesquisas originais ou, pelo menos, através da consulta aos resultados mais recentes da pesquisa gramatical[2].

Ou seja, outro equívoco precisa ser desfeito: ***os usos que, de fato, são reconhecidos no momento constituem um suporte legítimo para apoiar novas decisões linguísticas***. A gramática não representa, portanto, a única referência de consulta.

9.3. Implicações para o ensino

Admitir que os manuais de gramática não são o único respaldo para nossas decisões linguísticas teria seus efeitos imediatos na prática pedagógica. Vejamos:

- Poderia, por exemplo, fomentar o interesse de professores e alunos por "ouvirem" e "verem" sua língua acontecendo: nas con-

---

2. Vale a pena lembrar que já existem boas exceções a esse ponto. Basta citar os trabalhos de descrição da gramática do português feitos pelo próprio Perini, as pesquisas coordenadas e publicadas por Neves, bem como outras desenvolvidas no âmbito do grupo de trabalho "Descrição do Português" da ANPOLL (ver bibliografia).

versas, nos debates, nos sermões, nos jornais, nas revistas, nos livros, nos *outdoors*, nas faixas, nos cartazes, nos anúncios, nos avisos, entre muitos outros. Poderia ainda levar professores e alunos a debruçarem-se sobre esses textos, a analisarem o que dizem e como dizem, a reconhecerem os recursos expressivos, as criações, as inovações e até as transgressões que ocorreram; para terem o testemunho do real, daquilo que, de fato, se usa.

- Desse contato real com os usos, professores e alunos assumiriam mais diretamente a posição de *autênticos observadores* da língua, o que os deixaria na condição de participantes ativos de seus processos de vida e de mudança.

- Da observação, professores e alunos poderiam passar à discussão em torno de eventuais mudanças ou de determinados efeitos de sentido das palavras, por conta dos diferentes contextos ou das diferentes posições em que aparecem. Poderiam, enfim, estimular o interesse especulativo, a curiosidade, o espírito de pesquisa, que se manifestam muito mais no levantamento de perguntas (nossos alunos perguntam muito pouco!) do que na identificação das respostas; respostas que, quase sempre, pela dependência estéril que criam, acomodam, pacificam, paralisam.

- Sairia fortalecida, ainda, em cada oportunidade, a prática da pesquisa, da observação, da análise, da comparação, pelo confronto crítico entre as regras hipotetizadas pelos manuais e os usos efetivados no material observado. Tais práticas despertariam a consciência de uma língua viva, *pulsando* no interior de pessoas de *carne e osso*, e não a língua *engessada*, paralisando-se na frieza e na imobilidade de documentos e compêndios.

- Atividades de *procura da língua*, como quem, *de lupa*, quisesse ver o que se passa à volta, favoreceriam um estudo, de fato, contextualizado da língua. Quer dizer, o estudo deixaria de ser *pura especulação* sobre possibilidades de uso, para ser *análise atenta* dos usos reais, acontecidos, com autoria, data e lugar de produção e circulação. Muito provavelmente, professores e alunos se sentiriam bem mais animados no desafio de descobrirem permanentemente a língua que está em curso. ***Que está em curso***, destaco, e não a língua, como disse atrás, que está *imobilizada e fixada* nos códigos gramaticais.

◗ Até mesmo alguns gramáticos ou pesquisadores poderiam acentuar seus interesses por descobrirem os usos de agora, os usos vigentes (como já fazem Neves, Faraco, Perini, Borba, Bagno, Ilari e tantos outros). Assim, poderiam atualizar suas gramáticas; propor orientações mais abertas, mais plurais, menos rígidas, menos conservadoras, e, no caso de nós, brasileiros, mais conforme nossas preferências nacionais. Na verdade, se poderia até quebrar a falta de originalidade da maioria das gramáticas. Todas trazem mais ou menos as mesmas questões e, quase sempre, todas se recusam a discutir os mesmos casos também (aqueles em que campeia a variação de usos). Se repararmos como é feito o estudo da regência dos verbos, por exemplo, constatamos que são vistos os mesmos, em praticamente todas as gramáticas: aqueles que apresentam alguma discordância. E para que a gramática os traz à tona? Com certeza é para reafirmar os clássicos padrões de suas regências, sem, ao menos, fazer alguma referência aos desencontros entre esses padrões e os usos reais atestados entre as pessoas escolarizadas.

Ou seja, consideramos que tem sentido olhar também, e em primeira mão, para fora dos manuais de gramática e ver o fluxo *da língua que corre..., da boca e da mão "certas" do povo...*

Todos ganharíamos com isso...

CAPÍTULO 10

Para melhor entender a trama de tantos equívocos

UMA ANÁLISE MAIS GERAL dos equívocos discutidos até aqui poderia despertar em nós questões, tais como:

- de onde vêm esses equívocos?
- quem os mantém?
- a quem ou a que servem?

Vamos nos deter um pouco nas respostas a essas interrogações.

10.1. De onde vêm os equívocos?

Em termos gerais, podemos dizer que todos os equívocos em apreço resultam da falta de um conhecimento de base científica em relação a:

- o que é uma língua;
- como funciona;
- que componentes apresenta;
- que implicações sociais e políticas estão embutidas em seus usos.

Em um largo período da história, nos mantivemos atrelados a concepções de língua que privilegiavam sua estrutura interna, sua dimensão imanente, a potencialidade significativa de seus signos, os recursos morfossintáticos de formação de palavras e de frases, por exemplo.

Ficava de fora, assim, a dimensão global da língua, que inclui, necessariamente, além de suas potencialidades, seu funcionamento concreto, nas diferentes situações da comunicação humana. Ficando de fora o funcionamento da língua, era descartada também sua natureza textual e discursiva, o que a deixava reduzida a um componente gramatical apenas, superpoderoso e invasor, a partir do qual tudo era visto.

Num deslizamento fácil de compreender, sobretudo pela desconsideração dos usos da língua, caímos em um normativismo exacerbado, que se orientava pelo fio estreito do "gramaticalmente correto". Consequentemente, reduzimos também seu estudo à aprendizagem das regras que garantiam essa correção, não importando se elas se conformavam ou não aos usos que as pessoas adotavam em suas atividades de comunicação. Deslizando mais ainda, nos concentramos em questões da nomenclatura gramatical, estreitando por completo a ótica de nossa investigação sobre a linguagem. Fechamos, assim, os olhos para o que as pessoas fazem quando realizam suas múltiplas atividades de interação verbal.

Na continuação desse conjunto de reduções, abrimos mão de objetivos pedagógicos mais abrangentes — como aqueles relacionados à ampliação das possibilidades de *leitura*, de *escrita*, de *análise* e de uma *atuação oral relevante e eficaz*. Em contrapartida, nos concentramos em objetivos ligados à *correção gramatical*, como se falar e escrever sem erros fosse, em todas as circunstâncias, o único requisito para se conseguir o êxito esperado.

Evidentemente, o caminho estava aberto para uma interdependência (meio viciada) entre o que a escola ensina e o que as pessoas esperam que ela continue ensinando. Quer dizer, é a escola que nos ensina a supervalorizar a correção gramatical, a colocá-la como condição suprema do bom uso da língua. Somos nós, depois, que vamos exigir desta mesma escola a manutenção desses objetivos de ensino, sem sequer desconfiar da sua redução e parcialidade.

O normal seria que — com a capacidade de *olhar* para o funcionamento social da língua — caíssemos na conta de que o reconhecimento de nomenclaturas, feito em frases soltas ou em fragmentos retirados de textos, não nos ajuda *quase nada* quando temos, por exemplo, que elaborar um projeto ou fazer o relatório de uma atividade qualquer.

Ou seja, a escola nos legou uma série de equívocos. E...

10.2. Quem os mantém?

Os equívocos — *as pedras no caminho* — quem os mantém?

Nós mesmos os mantemos: escola, pais, meios de comunicação, sociedade em geral; sutil e indiretamente; ou clara e explicitamente, em tantos discursos que tentam atribuir à gramática uma função muito além daquela que realmente lhe cabe.

Nós os mantemos, sim, quando não conseguimos "dar a volta" para ver, de outros lados, o que significa e o que representa a possibilidade de usar a linguagem. Isto é: o que podemos compreender, apreender e aprender, expressar, sentir, representar, imaginar, criar, recriar, ressignificar com a linguagem. Do prático ao artístico; do individual ao coletivo; do particular ao geral; do objetivo ao subjetivo; do episódico ao mais elaborado.

É pena — dá muita pena mesmo! — que, na escola, se descubra tão pouco das amplas funções dessa linguagem e que com tão pouco nos conformemos todos: pais, professores, autoridades, povo em geral. Como lembrou Rubem Alves, poucos são os "casos de amor" que nasceram, na escola, entre nós e a língua que falamos e escrevemos.

Pra começo de conversa, nosso namoro foi barrado logo à entrada, quando nos convenceram de que tudo é muito difícil...; quando nos conformamos com aulas que não priorizam a produção, a leitura e a análise de textos lidos e escritos; quando perdemos a capacidade de perceber que só se aprende a ler lendo, analisando o que se lê, tirando conclusões, levantando questões etc.; só se aprende a escrever, escrevendo, revisando, escrevendo de novo, cortando palavras, substituindo ou acrescentando outras; fazendo e refazendo, enfim.

Enquanto não nos dermos conta desses princípios — tão simples! — nossos alunos (e muitos de nós!) vão continuar sem se apaixonar pela língua, com dificuldades de leitura e de produção de textos; e nós vamos continuar nos queixando de que eles não sabem amar a língua, não sabem ler, não se interessam, têm dificuldade de entender o que leem, escrevem bobagens.

10.3. A QUEM OU A QUE SERVEM ESSES EQUÍVOCOS?

De súbito, podíamos responder à pergunta do tópico: aos alunos é que não é; à sua vida de cidadãos é que não é. De fato, o ensino "enredado" que descrevemos ao longo dos capítulos precedentes não serve a quem se prepara para enfrentar a prática social das múltiplas atividades comunicativas. Será que, por esse ensino, estamos adotando práticas de "inclusão social" — para referir apenas uma das preocupações políticas do momento — ou, práticas de exclusão, simplesmente?

Privar os alunos de uma competência realmente textual e discursiva não é sonegar um corpo de conhecimentos e princípios fundamentais para o exercício da vida social? Como qualquer pessoa pode viver de forma participativa, atuante, crítica, lúcida e eficaz, se está à margem da produção e da circulação dos saberes que regulam a vida em sociedade?

Como elaborar e interpretar projetos, relatórios, atas, monografias, resumos, pareceres, comentários, programas de eventos, cartas, declarações, editais, anúncios, avisos, leis, peças de defesa ou de acusação, entre muitas outras, sem que se viva na escola — todos os dias — um clima de verdadeira "oficina de saberes" (e de sabores!)? Como saber fazer tudo isso sem a convivência diuturna com a produção oral e escrita da língua, em seus mais variados estilos, normas e modelos? Como saber fazer tudo isso sem procurar, antes de tudo, entender como se lida com o *sentido* e com as *intenções* que tomam forma no dizer de cada um?

É! De fato, a gramática tem sido *uma pedra no caminho* da escola. Uma pedra na sala de aula — "nunca me esquecerei desse acontecimento". Não apenas na aula de português, pois as lições de história, de geografia, de ciências, de matemática também são textos, que precisam ser entendidos, sintetizados e incorporados a nosso repertório de informações.

Todos os professores, de qualquer disciplina, devem ter uma ampla competência linguística e precisam requisitá-la dos alunos, sob pena de seu trabalho ficar imensamente comprometido. A apreensão de qualquer conhecimento passa necessariamente pela linguagem. Isto é, o que aprendemos tem como acesso e como percurso a linguagem. Privar, portanto, as pessoas de um amplo e consistente conhecimento dessa linguagem é privá-las de chegar a uma porta que abre para inúmeros atalhos... e de onde se pode enxergar um horizonte vastíssimo.

Não é difícil entender por que aqueles equívocos se fixaram tanto no consenso de todos e por que é tão difícil quebrar os elos dessa corrente. Existem "forças ocultas", interesses múltiplos, desde a esfera das políticas governamentais (a educação é, de fato, prioridade nacional?) até o domínio menor da administração escolar — das suas contas, bem dizer (quanto custa manter apenas 30 alunos numa sala de aula?); interesses que impedem de se implantar, de fato, nas escolas uma prática de ensino que priorize, em cada canto, em cada momento, *o desenvolvimento de competências textuais e discursivas*:

- em torno da leitura;
- em torno da escrita;
- em torno da interação oral;
- em torno da análise de todo tipo de atuação comunicativa;
- em torno do encantamento que pode despertar o contato com a arte literária.

Todos os outros objetivos e todos os conteúdos devem ter como ponto de convergência esses cinco itens. Se assim for, o tempo não vai dar para ficar na esterilidade da construção e das análises de frases descontextualizadas, como se a língua pudesse acontecer, assim, no vazio de afirmações soltas, sem se saber quem disse, por que disse, com que finalidade, a quem, em que situação, negando, portanto, a essência mesma da linguagem.

O objetivo da escola de promover o acesso dos alunos aos usos da norma prestigiada — objetivo do qual não se pode abrir mão — também justifica a prática pedagógica de priorizar a dimensão interacional, discursiva e textual da língua, pois os bons exemplares do uso culto da língua somente estão disponíveis em textos, falados e escritos.

Será utopia sonhar com o dia em que o habitual na sala de aula seja enfrentar o desafio de tornar os alunos mais capazes de assumirem uma atuação comunicativa relevante, crítica, consistente e adequada às circunstâncias de cada cena interativa?

A linguística bem que pode ajudar na realização desse sonho, *desde que* as questões textuais — a coesão, a coerência, a intertextualidade, a relevância — pudessem estar no centro do trabalho com e sobre a linguagem. Se reconhecemos a conexão entre causa e efeito, podemos esperar que o mergulho de professores e alunos no ofício de falar, ler e escrever..., todo dia, planejando e revisando, fazendo e refazendo, vai provocar a descoberta de um mundo novo, amplo, centrado mais em possibilidades do que em proibições: o mundo da interação promovida pela linguagem.

Como lembra Perini (2004, p. 26): foram tantos esforços feitos numa direção equivocada!

CAPÍTULO 11

Uma análise de gramática muito aquém do texto

NO CAPÍTULO em que focalizamos o equívoco que envolve a confusão entre regra de gramática e nomenclatura, salientamos o grande engano de pensar que vasculhar nomenclatura é estudar gramática; aquela gramática que confere competência a quem precisa falar, ler e escrever com sucesso.

É evidente que a concentração do ensino da gramática em tópicos de sua nomenclatura não pode ser vista como o único fator responsável pelos problemas do ensino de línguas. Mas é evidente também que esse tratamento tem tido um peso muito grande, pois propiciou uma visão superficial do ensino da língua, além de ter tirado a oportunidade de que outras questões — como aquelas concernentes à ampliação do léxico e à composição de textos coesos, relevantes e coerentes — sejam devidamente exploradas.

O tempo que é investido em análises de reconhecimento das unidades, de indicação de seus nomes e das subdivisões em que se encaixam, bem que poderia ser preenchido com atividades de análise, reflexão, produção e revisão dos mais diferentes gêneros de textos.

Como é que as pessoas ainda não perceberam o quanto é estéril restringir-se a *exercícios de dar nomes* às coisas da língua?!

Para que se tire a impressão de que a primazia do reconhecimento das unidades e de suas classes é fato de um passado longínquo, vejamos o caso de uma atividade, recém-proposta numa escola de ensino fundamental.

A atividade foi encaminhada a partir da seguinte estrofe da conhecida composição, *Comunhão*, de Milton Nascimento, em parceria com Fernando Brant (*Ânima*, Ariola, 1982):

Eu quero paz, eu não quero guerra
quero fartura, eu não quero fome
quero justiça, eu não quero ódio
quero a casa de um bom tijolo
quero a rua de gente boa
quero a chuva na minha roça
quero o sol na minha cabeça
quero a vida, não quero a morte não.

E aí vinham, para os alunos, os "desafios":

1. Quantos versos e estrofe(s) tem esse poema?
2. Escreva os substantivos abstratos do terceiro e do último verso.
3. Destaque todos os substantivos existentes no texto e escreva-os ao lado de cada verso. Lembre-se que o substantivo é uma palavra que dar *(sic)* nome aos seres, ações, sentimentos, qualidades, sensações.

4. Marque X na alternativa correta.
   A palavra **roça** é:
   ( ) substantivo comum
   ( ) substantivo composto
   ( ) substantivo primitivo
   ( ) substantivo derivado
5. Responda:
   a) Que substantivo composto podemos formar com o substantivo **chuva**?
   b) Apresente um substantivo **derivado** para a palavra **chuva**.
6. Produza duas frases que contenham substantivos **coletivos**. Grife os coletivos utilizados.
7. Baseado no que debatemos em sala de aula sobre a guerra travada entre Estados Unidos e Iraque e o texto dessa avaliação, desenvolva um texto em prosa com o título abaixo. Escreva à vontade.

   Não à guerra.

Analisemos, mesmo sumariamente, a proposta.

Cadê a análise do texto? Cadê o entendimento do poema? Onde ficou? As perguntas que são feitas concorrem para que se entenda melhor o poema? O poema fica mais claro depois que o aluno souber quantos versos são, depois que ele reconhecer os substantivos abstratos que aparecem em cada verso e escrevê-los ao lado? Que relação tem a atividade de formar frases usando coletivos com os sentidos expressos no poema? Qual a finalidade de se saber se o nome *roça* é um substantivo comum, composto (poderia ser, por acaso?), primitivo ou derivado (sem chance!)? Em que isso concorre para que se apreenda melhor o sentido do poema? E onde ficou a exploração dos elementos que fazem desse texto um texto poético?

Nenhum leitor competente lê poemas procurando substantivos ou coisas que o valham. O leitor competente lê procurando sentidos, emoções, intenções, ditos, pressupostos.

Repare-se que, na proposta, o texto foi fragmentado, despedaçado. Reduzido a um conjunto de palavras, que puderam ser analisadas *em si mesmas*, quer dizer, descontextualizadamente, como se não fizessem parte do texto. Em nenhum momento, o poema foi visto como uma unidade, um todo tematicamente orientado, e as palavras, como partes significativas desse todo. Em nenhum momento, se fez alusão ao gênero ou à função comunicativa em que o texto se materializa.

Na verdade, não houve análise *DO* texto. *É que não basta que as palavras questionadas sejam retiradas de um texto para que se tenha uma análise de texto.* Se as palavras em questão tivessem sido colhidas ao acaso, o resultado da análise seria o mesmo, pois não foi preciso ir ao poema para decidir sobre a natureza de uma palavra ou outra.

O que representa, de fato, *ensinar gramática com base em textos* ou *a partir de textos*? Retirar palavras ou expressões para indicar a classe a que pertencem? Tirar as palavras da sequência em que elas estavam no texto? Conferir-lhes total *autonomia*; como se tivessem vida inteiramente independente? Ou para indicar a função sintática que desempenham na frase? O texto é apenas o terreno onde a gente vai buscar as pedras que serão, isoladamente, analisadas? Mas, no terreno, as pedras não estavam isoladas...

Pode-se aprender a entender poemas, a descobrir suas particularidades textuais, discursivas e estéticas — (ou a "ouvir estrelas"!) — com esse tipo de análise? Amplia-se a competência comunicativa de alguém com esse tipo de reflexão?

Seria muito mais significativo, por exemplo:

- explorar a função dos sentidos opostos nas palavras de cada verso ou a função da repetição da palavra *quero* no início de cada um;
- procurar os efeitos do paralelismo sintático e semântico em todos os versos;
- explorar o efeito de ênfase na explicitação do pronome eu em alguns versos;

- explorar a estratégia de criar significação pelo recurso à metonímia ou à metáfora.

Quando alguém diz: "Quero a chuva na minha roça", evidentemente não está querendo apenas *a chuva* na *roça*, literalmente falando. *Chuva* e *roça* são apenas imagens, figuras de *tudo* aquilo que desejamos para o amplo sucesso de nossos empreendimentos. O mesmo se poderia dizer do verso "quero o sol na minha cabeça" e até da relação que se poderia encontrar na junção de *chuva* e *sol*, uma oposição que muito tem a ver com as melhores condições de fertilidade e de produção; logo, de abastança, de satisfação, de vida farta, de vida plena.

Aliás, todo o poema — como qualquer outro — teria de ser interpretado simbolicamente, pois os demais versos também remetem para muito além do sentido puramente literal das palavras. Na verdade, desde que inseridos no poema, os substantivos se tornaram abstratos, uma vez que apontam para coisas do mundo simbolizado, como, muito claramente, se pode ver em: "Quero a casa de um bom tijolo".

Uma atividade como esta — proposta recentemente, repito — constitui um reflexo do que ainda nos falta saber sobre recursos de produção de sentido, sobre textualidade, sobre linguagem literária; enfim, sobre a natureza mesma da linguagem.

Como efeito desse desconhecimento, um ou outro professor acha que: "As regras gramaticais podem ser encontradas em tudo o que nos cerca, inclusive nos textos"; ou que o texto é "a forma prioritária de uso da língua"; ou ainda que "a gramática está vinculada ao texto" e que, sem o texto, "as aulas ficam muito monótonas"[1].

Apenas isso? Parece que a gramática é uma espécie de apêndice; algo que eventualmente pode estar ou não no texto. E o texto, algo que pode, apenas por concessão, ser incluído como objeto de estudo.

---

1. Esses dados foram colhidos em uma pesquisa feita por Regina F. Lustosa Roriz, num trabalho monográfico de seu curso de especialização em língua portuguesa, concluído em 2002.

O texto não é a forma prioritária de se usar a língua. É a ***única forma***. A *forma necessária*. Não tem outra. A gramática é constitutiva do texto, e o texto é constitutivo da atividade da linguagem. Sua exploração em sala de aula tem outras razões que deixar as aulas menos monótonas e mais motivadoras. Tudo o que nos deve interessar no estudo da língua culmina com a exploração das atividades textuais e discursivas.

A análise de um texto como o poema de Milton Nascimento e Fernando Brant seria uma excelente oportunidade para se refletir sobre como as formas metafóricas ou metonímicas de significar, de estabelecer relações, de detectar similaridades demonstram exatamente a capacidade que tem o falante de não apenas expressar conteúdos já cristalizados, mas de criá-los na hora mesma da produção do discurso. Revelam, portanto, o caráter da linguagem como atividade inerentemente humana, capaz de fazer-se e de refazer-se, de criar e de recriar, de significar e de ressignificar.

A análise seria relevante, além disso, para se poder explorar aspectos do vocabulário, do léxico da língua, das suas inter-relações no texto; de sua vinculação com as visões que se tem da realidade e de como o entendimento de qualquer texto só é possível porque mobilizamos, junto com o conhecimento linguístico, nosso conhecimento de mundo. Só assim entendemos por que tem sentido *querer a chuva na roça* ou *o sol na cabeça*. Não é o conhecimento da língua que nos faz decifrar essa afirmação e o porquê desse desejo.

Evidentemente, como pretendo mostrar, com mais detalhes, no capítulo seguinte, para fazer uma análise do tipo que acabei de sugerir, é preciso saber muito mais do que nomenclatura gramatical:

- é preciso saber apanhar o núcleo central em torno do qual o texto se desenvolve (se isto tivesse acontecido a tarefa de escrever um texto não teria como tema a "guerra", mas sim as aspirações gerais de plenitude que toda pessoa almeja);

- é preciso saber em que consistem os recursos da metáfora e da metonímia;
- é preciso saber estabelecer relações de significado para detectar significados opostos ou contíguos;
- é preciso saber o que é *paralelismo* (sintático e semântico);
- é preciso saber quais as funções da repetição de palavras;
- é preciso conhecer as especificidades de um texto poético, ou a forma particular de ler, quando se trata de literatura; entre outras coisas.

Ou seja, o conhecimento da nomenclatura e das classificações gramaticais, insistimos, é visivelmente irrelevante para se dominar as amplas exigências da atividade verbal.

Lamentavelmente, parece que a imperiosa necessidade de se passar do nível da frase, da oração, do período, de se passar da simples análise morfológica ou até mesmo sintática de palavras, termos ou orações, ainda não é efetivamente reconhecida em muitas escolas.

Dar nomes às unidades ou reconhecê-las pelas categorias em que se enquadram — mesmo que isso se faça a partir de um texto — é apenas um apêndice do grande empreendimento humano que é a produção e a recepção de atividades de linguagem. É ilusão, pois, pensar que, por meio de atividades do tipo que agora examinamos, alguém possa chegar a gostar de literatura, a ser um leitor eficiente, interpretativo e crítico, ou um escritor ou falante que valha a pena ser lido ou escutado.

Creio que o que falta à maioria da população é, como venho dizendo, um conhecimento mais consistente acerca das questões de linguagem. Creio ainda que, de posse desse conhecimento, seria mais provável que fôssemos às escolas para questionar a qualidade de certas atividades propostas. Por isso, considero que as noções aqui expostas possam contribuir para se obter uma participação mais pertinente da sociedade na condução do estudo da gramática nas escolas.

Tenho ouvido, em certas ocasiões, queixas dos pais de que "o filho não gosta de ler, não gosta das aulas de português" e, quase sempre, a culpa velada ou explícita dessa falta de gosto é, simplesmente, do aluno. Falta-nos examinar os objetivos com que essas aulas são conduzidas e, consequentemente, as atividades que são propostas. Gosto também se ensina; afeto também se cultiva; não nascem de graça. Como sugeriu Chomsky, numa entrevista em 1997, citada por Scherre (2005, p. 98):

> Não existe um método para ensinar química. O método para ensinar química é fazer as pessoas se interessarem, fazer com que pareça excitante, instigante aprender química. Assim elas aprenderão. Fora isso, não há métodos. Eu acho que com relação à linguagem é basicamente a mesma coisa.

Na verdade, não podemos ser ingênuos: a preferência por esse estudo da gramática, com ênfase em questões de sua nomenclatura, *esconde* muita coisa, muita pretensão menos *politicamente correta*, como a omissão frente às atitudes preconceituosas com que os dialetos das classes ou das regiões menos privilegiadas têm sido tratados.

Enquanto a discussão em sala de aula gira em torno do substantivo (se abstrato, concreto, primitivo, derivado ou coletivo), muito esclarecimento deixa de ser dado acerca de como fazer da interação verbal um instrumento de politização do cidadão e dos grupos, ou de como saber escapar à manipulação sutil e velada de muitos discursos, teórica e politicamente "edificantes e bem intencionados".

Alguns professores parecem intuir essa ineficiência de um estudo centrado no reconhecimento das categorias gramaticais. Isso fica evidente quando se constata que a maioria dos professores, ao mesmo tempo em que declara "ensinar gramática", também diz que "*acha que gramática não serve pra nada*" (ver Neves, 2002, p. 238).

Valia a pena fazer uma reflexão para tentar identificar *qual a gramática* que não serve para nada.

E, por outro lado: *qual a gramática que serve*?

CAPÍTULO 12

Uma sugestão de programa muito além da gramática

ATÉ AQUI, permeando as reflexões mais pertinentes, fui também apresentando sugestões de como se poderia promover *a superação dos equívocos que rondam o mundo da gramática*. Nesse percurso, foi ficando, ora implícita ora explicitamente, a indicação de que valeria a pena *pensar em outros programas que possibilitassem ir além da gramática*. Exatamente por estarmos convencidos de que ela, sozinha, não pode dar conta do recado... Precisa contar com outros estratos, com outros componentes, para que a linguagem seja entendida na sua abrangência.

É o que pretendo fazer agora: arriscar-me a sugerir uma espécie de programa, que ajude o professor a avançar para além da gramática propriamente, *já que ela é insuficiente para o exercício da atividade verbal*, como venho aqui defendendo!

Tenho consciência de que estou correndo um risco, pois sei do perigo de toda lista: algum item importante pode escapar. Mas sei também que todo programa é uma espécie de roteiro; uma projeção. Mais ainda quando a gente sabe que se trata de um esboço, de uma orientação; orientação aberta, provisória; isto é, capaz de ser completada, de ser refeita.

Além disso, sei que um programa que extrapole o gramatical — ou que veja o gramatical na perspectiva do discurso — tem que ser muito amplo e tem que supor uma visão integralizadora de quem o vai dirigir, para que não se repita o erro de ver as coisas da língua separadamente, cada uma como um fragmento à parte.

Quero assumir, pois, o risco de indicar alguns pontos que devem ser acrescentados aos programas que as gramáticas já trazem. Meu intento de trazer neste livro um discurso que, além dos equívocos, também aponta "saídas", me faz aceitar correr esse risco.

Vamos ao risco!

12.1. Sugestão de um programa de gramática

12.1.1. Focalizando o texto (como parte da atividade discursiva):

- A função do substantivo no processo da referenciação
- A função do verbo como elemento nuclear da predicação
- A função do adjetivo, do advérbio e de outras categorias como elementos adjacentes aos núcleos nominais e predicativos
- A função do advérbio: modificador e circunstanciador
- O uso dos artigos, dos pronomes pessoais, demonstrativos e possessivos na continuidade referencial do texto
- As formas (pronominais e adverbiais) que funcionam como dêiticos textuais e situacionais
- A função das conjunções, das preposições, dos advérbios e de suas respectivas locuções na articulação e na conexão do sentido entre o que vem antes e o que vem depois em um texto

- A elipse na sequência do texto e a manutenção do tópico em foco
- As formas de representar lexicalmente o sujeito da oração (sujeito expresso/elíptico; determinado/indeterminado; ativo/passivo) e sua relação com as intenções pretendidas para o discurso
- A cadeia de sinônimos, de hiperônimos e de expressões definidoras na continuidade de um texto
- A associação semântica entre as palavras de um texto e seus efeitos para a coesão e a coerência pretendidas
- O uso de paráfrases e sua relação com a natureza do texto
- A função coesiva e estilística do paralelismo sintático e semântico entre segmentos textuais
- Os efeitos previstos para o uso dos diferentes tempos e modos verbais, na sua relação com os tipos de texto e as intenções pretendidas para a interação
- Os efeitos esperados pela repetição de palavras ou de outros segmentos do texto
- Os efeitos do uso de certas expressões que revelam a posição do falante em relação ao que diz (ou o uso das expressões modalizadoras)
- Os discursos direto, indireto e indireto livre na manifestação das muitas vozes que falam no texto (e que fazem dele uma peça *polifônica*)
- Os efeitos do uso das figuras de linguagem e de certas expressões com valor homonímico, metafórico e metonímico (efeitos de encantamento, de humor, de ironia, de ambiguidade etc.)
- Os efeitos do uso dos sinais de pontuação e de outros recursos gráficos, como: aspas, travessões, parênteses, itálico, negrito etc.
- A divisão do texto em parágrafos conforme a distribuição dos tópicos desenvolvidos
- As formas de intitular ou de legendar um texto ou o tópico de um texto, conforme as pretensões interacionais escolhidas
- As especificidades (prosódicas, lexicais, sintáticas, textuais e pragmáticas) da organização do texto oral formal
- Os procedimentos e as marcas linguísticas típicas da conversação

- As especificidades (lexicais, sintáticas, textuais e pragmáticas) da organização do texto escrito
- As particularidades linguísticas do texto literário
- As particularidades (lexicais, sintáticas e textuais) do texto em registro formal e do texto em registro informal
- As marcas gramaticais e lexicais dos tipos de texto e da composição dos diferentes gêneros
- As expressões léxico-gramaticais que indicam alusão a outros textos ou apropriação literal de parte deles (citação)
- As especificidades dos textos do espaço cibernético, como o *e-mail*, o *site*, o bate-papo, o intertexto etc.

12.1.2. Focalizando a frase

- A ordem das palavras na frase e os efeitos decorrentes da alteração dessa ordem
- Os efeitos provocados pelo acréscimo ou pelo corte de alguma palavra
- Os tipos de frase e sua correlação com os atos de fala — ou com as finalidades previstas para a atuação
- Os diferentes padrões de entonação, conforme a natureza das intenções pretendidas pelo enunciador
- Os recursos prosódicos e sintáticos que permitem a focalização de uma informação ou de um item
- Os esquemas predicativos dos verbos: argumentos exigidos e argumentos opcionais
- As relações e restrições sintáticas e semânticas do verbo com os termos que ocorrem à sua direita e à sua esquerda
- Os procedimentos de concordância entre o verbo e a expressão sujeito da frase
- Os procedimentos de concordância entre o substantivo e seus termos adjuntos
- As determinações quanto à regência dos verbos e dos nomes bem como as mudanças de significado advindas das alterações ocorridas

- Os efeitos discursivos de transgressões a essas normas sintático-semânticas de composição das frases.

12.1.3. Focalizando a palavra

- A formação do léxico de uma língua ou os vários processos de composição do seu vocabulário
- Os neologismos e os mecanismos de ressignificação de palavras já existentes
- Os estrangeirismos, sua adaptação aos padrões gramaticais da língua importadora e seus valores culturais
- As variações dialetais (geográficas e sociais)
- Os usos do vocabulário: comum, formal, técnico, especializado, erudito, entre outros
- A criação da gíria
- A criação de sentidos figurados ou metonímicos
- A vinculação das palavras às circunstâncias históricas e culturais do percurso da língua
- As relações de significado entre as palavras: sinonímia, antonímia, hiperonímia, hiponímia, partonímia, contiguidade
- As flexões dos substantivos, adjetivos, verbos e alguns advérbios
- As regularidades e irregularidades da conjugação dos verbos
- As particularidades de pronúncia de certas palavras
- As normas da ortografia oficial.

Como podemos observar, muitos são os pontos que poderiam ser objeto da exploração e da análise da língua que se faz em sala de aula — muitos mais do que pode prever um estudo centrado na morfologia e na sintaxe de superfície de palavras e frases.

Um *programa amplo — amplíssimo* talvez, dirão alguns. Mas, justamente por se tratar de uma proposta de exploração e análise, eminentemente descritiva e centrada no funcionamento discursivo da língua — que, ainda por cima, envolve tanto atividades de leitura quanto de produção[1] — este programa, repetimos, somente pode ser, isso mesmo: *amplo.*

Evidentemente, o domínio desses pontos exige professores com uma sólida formação linguística, o que equivale dizer com *um grande conhecimento das questões relativas ao funcionamento do léxico, da gramática e das práticas cognitivo-textuais com que efetivamos o jogo complexo de nossa atividade comunicativa.* Com certeza, saber essas questões é bem mais interessante, fascinante e realizador do que ficar na *exterioridade das nomenclaturas e classificações*[2].

Creio que valeria a pena também apresentar aqui um exemplo de como é possível explorar, em um texto, esses itens do "programa", sem que o texto vire "pretexto". Ou seja, sem que o texto seja usado apenas para mostrar ocorrências de advérbio, por exemplo, e classificá-las depois.

A proposta, portanto, é que o texto seja analisado: no seu gênero, na sua função, nas suas estratégias de composição, na sua distribuição de informações, no seu grau de informatividade, nas suas remissões intertextuais, nos seus recursos de coesão, no estabelecimento de sua coerência e, *por causa disso tudo*, só por causa disso, repito, os itens da gramática comparecem.

Em última instância, a proposta é que *o texto* (não a gramática) seja o centro do programa. O eixo. Ele é que comanda. A gramática vem como mediação. Na verdade, só no convívio com a análise de textos é possível a descoberta do *quanto a gramática é importante.*

---

1. Em relação ao tema "produção textual", vale a pena consultar o livro *Técnica de redação*, de Lucília H. do C. Garcez. Entre outros tópicos, a autora explora com muita propriedade os mitos que cercam o ato de escrever.

2. A esse propósito sugiro a leitura de Mendonça (2006): "Análise linguística no ensino médio: um novo olhar, um outro objeto". Além das reflexões teóricas, são apresentados exemplos que evidenciam as diferenças entre uma análise na perspectiva puramente gramatical e uma análise numa perspectiva mais ampla dos fatos linguísticos. Vale a pena conferir; para fortalecer nossa compreensão do que podemos fazer às voltas com a análise linguística dos textos que ouvimos e lemos.

Evidentemente, **tudo** pode ser visto nos textos. Lá é que todo tipo de fenômeno ocorre. Para o trabalho em sala de aula, a sequência dos pontos a serem explorados vai depender do planejamento geral que a escola ou o professor elegeram.

O importante é começar. E continuar. Persistentemente. A experiência de cada dia vai deixando o olhar de professores e alunos mais aguçado... É uma questão de ir experimentando a prática de "destrinchar" o texto, de olhá-lo por dentro, ano após ano. Somente assim se desenvolverá, com sucesso, a agudeza para perceber o sentido e as intenções do que é dito nos textos, de todos os tipos.

Vejamos, então, no *anúncio de um banco*, como se poderia perceber e explorar muitos daqueles itens apontados no programa que foi sugerido anteriormente[3].

Depois de explorar aspectos da função apelativa do gênero de texto em questão, depois de explorar aspectos dos propósitos pretendidos, do registro usado em função das condições de produção e de circulação do texto, entre outros mais gerais, pode-se comentar e analisar aspectos mais particulares da própria composição do texto, aspectos que implicam, inclusivamente, muitos dos conhecimentos gramaticais.

Basta prestar atenção para perceber como os sentidos do texto são possibilitados também por diferentes categorias gramaticais, que se combinam em uma determinada sequência textual, possibilitando-se, assim, a unidade de sentido e de intenção pretendida para o contexto.

Vamos ao texto:

---

3. Os números, que indicam os parágrafos do texto, foram acrescentados por mim para facilitar a análise.

EM 28 ANOS, O BNB CONSEGUIU DEIXAR AS COISAS BEM MELHORES. PARA TODOS OS SANTOS.

(1) Até 1952, Padre Cícero era, praticamente, o único agente de desenvolvimento do Nordeste.

(2) A ele se recorria para arranjar emprego, casar a filha, garantir o inverno, curar doenças, erradicar endemias, abrir caminhos, mostrar soluções.

(3) Hoje, as coisas mudaram. Pede-se aos santos, mas espera-se que as soluções venham pelo esforço e ação das instituições humanas.

(4) Como, por exemplo, o BNB, que responde ao desemprego com crédito industrial; ao drama da seca com pesquisa técnico-científica e financiamento de projetos de açudagem e irrigação; à baixa produtividade agrícola com apoio técnico e crédito rural; aos problemas das áreas metropolitanas com investimentos em infraestrutura urbana.

(5) Com o apoio e a participação, é claro, de toda a comunidade nordestina.

(6) Pois os milagres, hoje, nascem sempre das mãos, do coração e da mente de todos os santos de casa.

Banco do Nordeste do Brasil S. A.
O banco de 35 milhões de brasileiros.

(*IstoÉ*, nº 161, 23/1/80, p. 33).

Observe-se a articulação criada entre a expressão "Até 1952" e o advérbio "Hoje", logo nas primeiras linhas do texto. Essa articulação já sinaliza que o texto vai destacar dois momentos: *ontem* (as cinco primeiras linhas) e *hoje* (o resto do texto; veja-se que o advérbio *hoje* ocorre outra vez no último parágrafo do texto). Note-se ainda que tanto a expressão quanto o advérbio têm valor circunstancial de tempo, embora, nesse contexto, "hoje" funcione como uma expressão equivalente a "*atualmente*". Pode-se chamar a atenção para o valor da preposição *até* ("Até 1952"), que indica um limite, neste caso, *limite de tempo*. É importante para o texto destacar *este limite*, pois ele representa o momento em que "apareceu" o elemento que faria as coisas mudarem: o BNB.

- Outra articulação vai ser estabelecida no texto entre "Padre Cícero" — que representa *o ontem* — e "o BNB" — que representa *o momento atual*. Essa articulação vai ressaltar a oposição entre "os santos" (instituições divinas, celestiais) e "as instituições humanas" (o BNB). Vale ressaltar ainda outra oposição: aquela entre "um único agente" e "todos os santos de casa". Reparemos na significação dessa oposição: "*único*" x "*todos*", dois extremos, expressos em termos quantitativos. Essa última oposição vai ser reiterada em "Pede-se aos santos" — o que denota uma atitude de passividade — e em "as soluções venham pelo esforço e ação das instituições humanas" — o que denota o fim, o "ontem" daquela passividade.

- As oposições feitas no texto funcionam como pontos de articulação entre os dois momentos em questão: *ontem* (o tempo de um "único agente") e *hoje* (o tempo do BNB, o banco de milhões de brasileiros), de modo que nada fica solto ou aparece por acaso. Vejamos que a expressão "instituições humanas" funciona como uma brecha de acesso à outra, "BNB". Nesses termos, a oposição sugerida desde o início do texto vai-se mantendo.

- Na primeira linha do texto, pode-se comentar o valor atenuador do advérbio "praticamente", que sem dúvida abranda o que é afirmado; equivale a um "quase".

- No segundo parágrafo, ocorre o pronome ele, que garante a continuidade do tópico focalizado: *Padre Cícero*. Dessa forma, a coesão do texto vai-se processando; subpartes do texto estão ligadas.

- Merece destaque o **paralelismo** com que o segundo parágrafo está construído: verbos no infinitivo com complemento direto ("arranjar emprego"; "casar a filha"; "garantir o inverno" etc.) Além do paralelismo, pode-se explorar a construção de um **parágrafo enumerativo** (com uma série de itens coordenados) e a pontuação indicada para esse tipo de formulação (concretamente, o uso da vírgula).

- Também o quarto parágrafo é construído em estruturas paralelas: a determinado problema se responde **com** determinada solução. Vejamos ainda a repetição intencional da preposição "com": o efeito de ênfase conseguido. É de se notar também o destaque que é dado "à última solução", que mereceu um parágrafo especial (o quinto). Esse procedimento sinaliza que se pretende destacar esta última solução como a melhor de todas.

- Quanto à categoria de tempo dos verbos empregados, note-se que, na primeira parte do texto — os dois primeiros parágrafos — ocorrem dois verbos no imperfeito do indicativo: Padre Cícero *era*; A ele se *recorria*. Quando o texto muda de perspectiva: "Hoje as coisas *mudaram*...", o verbo passa para o pretérito perfeito, sinalizando o fim daquele estado inicial de "espera". Daí em diante, prevalece o presente do indicativo: o tempo da estabilidade, daquilo que ocorre "sempre", sem alteração (O BNB "*responde*"; "as soluções *nascem*"). Tais mudanças na escolha do tempo verbal têm sua razão de ser conforme o que se pretende sinalizar.

- A expressão "**todos os santos de casa**" (na última linha) arremata o texto, pois retoma a figura de Padre Cícero, que era o único agente, ao mesmo tempo em que a opõe aos tempos de "hoje", quando o desenvolvimento é conseguido "com o apoio e a participação de **todos os santos de casa**". Observe-se que não é dito "os santos **da** casa" — com o artigo definido, pois assim o efeito de sentido seria inteiramente diferente.

- Não se pode deixar de explorar a remissão intertextual que é feita aqui ao provérbio popular *Santo de casa não faz milagres*, para significar que o milagre da superação dos problemas do Nordeste vai contrariar essa máxima, pois será feito pelos próprios nordestinos (os santos de casa).

- O último parágrafo do texto se fecha com uma *explicação*, indicada pela conjunção "pois", o que parece indicar que, dada a justificativa certa, categórica, já não há o que questionar: os tempos (de *ontem*) mudaram para melhor (*hoje*). Essa perspectiva de "certeza" já tinha sido anunciada desde o título e, ainda, no parágrafo anterior: "Com o apoio e a participação, é claro, de toda a comunidade nordestina". De fato, a expressão sublinhada expressa o grau de certeza, de obviedade dos argumentos apresentados.

- Muito significativa ainda é a presença do advérbio "*sempre*" no fechamento do texto: "Pois os milagres, hoje, nascem sempre das mãos, do coração e da mente de todos os santos de casa". Fica evidente aí o efeito de estabilidade que se quer atribuir às práticas atuais, que não oscilam entre um passado e um presente, mas que têm, em todo o tempo, um determinado perfil.

- O uso dos artigos (definidos e indefinidos) na identificação dos objetos de referência poderia ser objeto de exploração. Por exemplo, por que o uso do artigo definido em: "Pois os milagres, hoje, nascem sempre *das* mãos, *do* coração e *da* mente de todos os santos de casa"? Teria o mesmo efeito dizer: "Pois *uns* milagres, hoje, nascem sempre *de* mãos, de coração e de mente de todos os santos de casa"?

- Merece comentar a proximidade de sentido entre as palavras "padre, santo, milagre"; "problema, solução"; "mãos, coração, mente"; "doenças, endemias"; "inverno, seca"; "açudagem, irrigação"; "agrícola, rural"; "metropolitanas", "urbana"; e como essa contiguidade de sentido concorre para a coesão e a coerência do texto.

- Pode-se comentar ainda a compatibilidade semântica entre os verbos e seus complementos em: "arranjar: emprego"; "casar: a filha"; "garantir: o inverno"; "curar: doenças"; "erradicar: endemias"; "abrir: caminhos"; "mostrar: soluções". Repare-se que cada complemento é semanticamente pedido pelo verbo: um completando o outro (não apenas sintaticamente).

- Do ponto de vista ideológico, ainda se podia referir o preconceito machista embutido na perspectiva de "casar a filha" como um problema para o qual se procura solução.

- Existe no texto uma equivalência (de sentido e de referência) entre *Nordeste e a comunidade nordestina.* Esse recurso à "descrição definida" — que pode funcionar como uma espécie de sinonímia — deve ser explorado como uma grande possibilidade de se criar equivalências semânticas ou pragmáticas em um texto.

- Na série identificável em: "nascem sempre das mãos, do coração e da mente de todos os santos de casa", é possível explorar os significados metonímicos das palavras sublinhadas e como tais recursos exigem estratégias interpretativas diferentes.

- No âmbito dessa proximidade de sentido, pode-se chamar a atenção para a necessidade de mobilizar nosso conhecimento de mundo para vincular as referências a *Padre Cícero* e *Nordeste*, oportunidade propícia para se chamar a atenção sobre a insuficiência do conhecimento linguístico na compreensão do texto.

- Uma análise também poderia ser feita em relação à forma que foi escolhida para representar lexicalmente os sujeitos das orações. Repare-se que, por um lado, ocorreu o uso de um sujeito meio indeterminado: "A ele se recorre"; "Pede-se"; "espera-se" ou, por outro, não ocorreram pronomes de primeira pessoa (fala-se em "as coisas mudaram"; "as soluções venham"; "os milagres nascem".) Essas escolhas podem querer significar que as afirmações feitas não são opiniões particulares de quem fala; são coisas consensualmente definidas e aceitas como verdades. Pode-se ressaltar a relação entre uma escolha léxico-gramatical e os efeitos discursivos que se pretende alcançar.

- Merece um comentário, ainda, a distribuição do texto em seis curtos parágrafos, o que se ajusta muito bem ao gênero do texto em análise: uma propaganda, que pretende convencer, de preferência *muito* e *em pouco tempo*. Dessa forma, as coisas têm de ser ditas em bocados pequenos e num ritmo rápido.

- O vocabulário usado no texto poderia ser analisado também em função do gênero e das finalidades pretendidas para o texto: um anúncio publicitário, destinado a uma ampla audiência. O uso de palavras demasiado técnicas, restritas à área econômica, por exemplo, poderia não ser adequado. Mesmo assim, repare-se que o vocabulário empregado não corresponde a usos informais da conversa coloquial.

- Enfim, esses e outros pontos poderiam conduzir o estudo de conteúdos gramaticais e textuais relevantes – uma verdadeira "exploração" – permitindo que vá *muito além* do simples reconhecimento de classes de palavras ou de funções sintáticas dos termos e das orações.

Imaginemos os resultados que poderíamos obter em onze anos de exploração... desse tipo. Quantas descobertas!

CAPÍTULO 13

Novas concepções de língua e suas repercussões

AO LONGO do livro, fui pontuando novas visões da linguística no que se refere à natureza das línguas, sobretudo aquelas visões decorrentes do desenvolvimento da linguística de texto — numa abordagem sociointeracionista e cognitiva — e da sociolinguística.

Neste momento, pretendo relacionar essas "novas visões" com a organização da vida escolar, na pretensão de apontar que repercussões podem acontecer entre umas e outra. Meu intento é mostrar que os princípios teóricos, conscientemente ou não, orientam todas as escolhas que são feitas na escola. Nada, no entorno escolar, acontece, portanto, por acaso. Nem o que se escolhe nem o que se deixa de escolher. Nem o que se procura ver nem o que se decide deixar de ver.

Recapitulando o que foi tomado como mais significativo para respaldar nossa pretensão de desfazer alguns equívocos sobre as relações entre língua e gramática, tivemos o interesse de destacar que o funcionamento das línguas:

- é uma *atividade interativa,*
- entre dois ou mais *interlocutores,*
- que se realiza *sob a forma de textos orais ou escritos,*
- veiculados *em diferentes suportes,*
- com diferentes *propósitos comunicativos,*
- e em conformidade com *fatores socioculturais e contextuais.*

Cada um desses pontos tem seus desdobramentos no rol das competências comunicativas que se espera encontrar nas pessoas.

Dessa forma, no âmbito dos estudos sobre a linguagem, passam a ter prioridade conteúdos, objetivos e práticas pedagógicas que privilegiem a dimensão mais ampla e mais funcional da linguagem. Se optar por tal dimensão, a escola irá se concentrar em atividades:

- de compreensão e análise de textos orais e escritos;
- de convivência com o patrimônio literário da região e do país;
- de reflexão e debate em torno de temas que põem em relação as variedades linguísticas e a realidade social e política do país;
- de elaboração de textos orais e escritos, de diferentes gêneros, de diferentes registros e finalidades, com ênfase nos procedimentos de planejamento e de revisão.

Certamente, muita coisa haverá de mudar na escola se a dimensão mais ampla e mais funcional da linguagem for, de fato, o centro do ensino de línguas. Vejamos algumas:

- Em primeiro lugar, seriam revistos os objetivos do ensino: dos mais abrangentes aos mais imediatos. No decorrer do livro, referimos uns e outros, cada vez que íamos pontuando as implicações pedagógicas correspondentes aos princípios contrários aos equívocos referidos. De qualquer forma, poderíamos, em um plano bem geral, reiterar aqui que o *estudo escolar de línguas deve* ***objetivar a ampliação de todas as competências que a atividade verbal prevê***. Isso implica promover nas pessoas o desenvolvimento de capacidades:

a) para ler e entender um texto, de qualquer dimensão, de qualquer tipo ou gênero;
b) para interagir em público, em contextos mais ou menos formais, como falante ou como ouvinte;
c) para se expressar por escrito, conforme a solicitação do momento, de forma clara, precisa, coesa, coerente e relevante;
d) para usufruir do gosto estético das produções literárias;
e) para relacionar as informações dos textos verbais com outras expressas em outras linguagens.

Esses seriam os objetivos prioritários.

No entanto, gostaríamos de fazer, neste momento, uma pequena reflexão sobre um ponto que, em quase todos os encontros com professores, tem vindo à tona: *a escola frente à preparação para o vestibular e para concursos.*

Efetivamente, entre os objetivos *mais amplos* da escola, *não pode constar o de preparar os alunos para o vestibular* ou, pior ainda, preparar para concursos. A escola não pode ficar refém desses exames. Como sabemos, ela tem pretensões (formativas e informativas) muito mais abrangentes, que não se esgotam na atividade de fazer uma prova, pontual, específica, objetiva, limitada por um tempo e por uma série de outras determinações técnicas.

Ser aprovado em vestibular ou em qualquer outro concurso deve ser uma consequência natural de quem aprendeu a lidar com a língua escrita formal, de quem aprendeu a pensar, a estabelecer relações, a tirar conclusões, a elaborar sínteses, a expressar-se com fluência e desenvoltura, com clareza e precisão. Isso não impede que a escola analise alguns exemplares de questões de vestibulares, analise a qualidade das provas que são feitas, se pronuncie sobre isso, a fim de que, também nesse setor dos concursos, a língua seja salva das abordagens irrelevantes e desprovidas de sentido social.

Mas, repito, a escola não tem como finalidade maior garantir o preparo dos alunos para concursos. Não é assim que ela cumpre seu papel de promover a *inclusão social dos cidadãos*. Costumo dizer — para realçar esse dever da escola de não ficar presa ao que é perguntado nas provas dos vestibulares — que *existe vida depois do vestibular*. A vida, em toda a sua abrangência social e política, pulsando em cada sujeito, é que é o alvo da escola.

Além disso, vale a pena lembrar que os vestibulares sérios, das boas universidades, há muito abandonaram as questões de mero reconhecimento de nomenclaturas e classificações. Por isso não se pode mais usar o vestibular como desculpa para conceder lugar de primazia a um tipo de exploração gramatical que, de fato, não passa de exercício de reconhecimento de classes e categorias gramaticais.

A propósito, já nos demos ao trabalho de examinar algumas das muitas provas daqueles "vestibulares sérios"?

Paremos um pouquinho, agora, para examinar duas ou três dessas questões, inclusive do ENEM. Observemos que todas elas se fixam em aspectos do *sentido*, do *valor semântico* das unidades em análise, o que exige do candidato capacidade de estabelecer relações entre partes diferentes de um texto, para, a partir daí, identificar nexos, tirar conclusões, apreender os sentidos e as intenções, enfim. Uma análise dessas questões nos revela ainda quanto de nosso conhecimento linguístico e de nosso conhecimento de mundo é mobilizado, muito mais, portanto, do que a simples capacidade de reconhecer os labirintos das classificações gramaticais.

Os dois primeiros exemplos são de provas do ENEM, mas a tendência para preferir questões eminentemente textuais já é consenso em todo o território nacional, na grande maioria das universidades ou faculdades alinhadas com as propostas mais atuais de abordagem dos fenômenos da linguagem.

Observemos as questões; poucas. Somente para atiçar os ânimos.

1. Uma questão do ENEM [1]

> "Do pedacinho de papel ao livro impresso vai uma longa distância. Mas o que o escritor quer, mesmo, é isso: ver o seu texto em letra de forma. A gaveta é ótima para aplacar a fúria criativa; ela faz amadurecer o texto da mesma forma que a adega faz amadurecer o vinho. Em certos casos, a cesta de papel é melhor ainda.
> O período de maturação na gaveta é necessário, mas não deve se prolongar muito. 'Textos guardados acabam cheirando mal', disse Sílvia Plath, [...] que, com esta frase, deu testemunho das dúvidas que atormentam o escritor: publicar ou não publicar? Guardar ou jogar fora?"
>
> *Nesse trecho, o escritor Moacyr Scliar usa imagens para refletir sobre uma etapa da criação literária. A ideia de que o processo de maturação do texto nem sempre é o que garante bons resultados está sugerida na seguinte frase:*
>
> a) "A gaveta é ótima para aplacar a fúria criativa"
> b) "Em certos casos, a cesta de papel é melhor ainda"
> c) "O período de maturação na gaveta é necessário [...]"
> d) "Mas o que o escritor quer, mesmo, é isso: ver o seu texto em letra de fôrma"
> e) "ela (a gaveta) faz amadurecer o texto da mesma forma que a adega faz amadurecer o vinho"

1. Os exemplos mostrados foram copiados de Faraco (2003) e Abaurre & Pontara (2005); (ver Bibliografia).

2. Outra questão também do ENEM

"O mundo é grande
O mundo é grande e cabe
Nesta janela sobre o mar.
O mar é grande e cabe
Na cama e no colchão de amar.
O amor é grande e cabe no breve espaço de beijar".

(Carlos Drummond de Andrade. *Poesia e prosa.* Rio de Janeiro, Nova Aguilar, 1983.)

Neste poema, o poeta realizou uma opção estilística: a reiteração de determinadas construções e expressões linguísticas, como o uso da mesma conjunção para estabelecer a relação entre as frases. Essa conjunção estabelece, entre as ideias relacionadas, um sentido de:

a) oposição
b) comparação
c) conclusão
d) alternância
e) finalidade

Além desse tipo de questão, são comuns outras, chamadas de "questões discursivas", ou seja, questões abertas, cuja resolução exige do candidato a elaboração de uma explicação, de uma justificativa ou de um pequeno comentário. Esse último tipo de questão, além do poder de análise, mobiliza também a capacidade de expressão, a necessária fluência e o domínio sintático do candidato para descrever, explicar ou justificar por escrito, precisa e concisamente, uma situação-problema.

Vejamos um exemplo apenas de questão discursiva, que constou em uma prova da Vunesp-SP.

Epitáfio para um banqueiro

n e g ó c i o
e g o
ó c i o
0

(José Paulo Paes. *Anatomias.*)

Este "Epitáfio para um banqueiro" enfoca um tema literário bastante atual: o egoísmo, a solidão do indivíduo, a falta de comunicação que o leva a fechar-se nos limites de sua própria existência e, consequentemente, a ver o mundo sempre deformado por uma visão individualista. Tomando por base estas observações:

a) faça uma descrição do plano semântico-visual do texto, de modo a revelar sua compreensão do poema como um "epitáfio";
b) aponte a palavra que, numa das linhas do poema, demarca a característica do indivíduo como ser em si, exclusivista e isolado.

Sinceramente, não vejo como alguém pode resolver cada uma dessas questões se teve seus estudos da língua concentrados em analisar frases, para identificar substantivos, adjetivos, sublinhar dígrafos, distinguir objeto direto preposicionado de objeto direto pleonástico, classificar orações e outras categorias metalinguísticas. *O que leva ainda algumas pessoas a defenderem a prioridade desse ensino?*

Também não vejo como alguns professores não percebem a gramática que está implicada na interpretação dessas questões textuais. Como produzir sentidos, numa peça textual, como reconhecê-los, sem gramática? Como estabelecer relações, concatenar e integrar ideias — para encontrar uma unidade qualquer — sem gramática? A construção do sentido de um texto, a expressão de suas intenções só são possíveis porque mobilizamos, entre outras, as possibilidades que o léxico e a gramática da língua nos oferecem.

O grande problema — já referido aqui como uma das "pedras no caminho da escola" — é pensar que questões de gramática são apenas aquelas que exploram aspectos da nomenclatura e da classificação das unidades linguísticas. Ou, ainda, aquelas que exploram as regras da norma culta; simplificando, "as regras da língua correta". Assim, diante de uma prova, com muitas questões de interpretação textual, não se pode reconhecer como questão de gramática apenas aquela que explora, por exemplo, regras da concordância verbal.

Se não fosse o imperativo de não poder me alongar tanto, mostraria também questões de física, de química, de matemática, de história, de biologia etc., as quais não podem ser resolvidas sem que o aluno faça uma autêntica "interpretação de texto". Ao fim e ao cabo, em certa medida, toda prova acaba sendo uma "prova de compreensão de texto". Toda prova? E tudo o que está para além das provas? E o que dizer da grandiosa tarefa de interpretar as leis? De compreender avisos, formulários, instruções de uso?

De fato, se queremos promover *a inclusão social de nossos alunos*, nada mais urgente do que incluí-los no mundo da leitura, da escrita, da análise, da reflexão crítica e criadora; da posse da palavra, enfim!

A gramática **apenas** é pouco demais para essa travessia... Temos que ir ***muito além!***

◗ *Em segundo lugar*, se a dimensão mais funcional da linguagem fosse, de fato, o centro do ensino de línguas, seria concedido na escola um maior destaque e funcionalidade ao espaço destinado à biblioteca, às salas de leitura, às salas de debates e de outros recursos midiáticos[2].

A escola teria ainda o empenho de atualizar seu acervo bibliográfico, oferecendo, inclusivamente, assinaturas de boas revistas e bons jornais. Evidentemente, o acesso à internet seria amplamente favorecido, de modo que diferentes fontes de informação estivessem à disposição dos alunos e pudessem ser um dos centros de interesse da escola.

2. Já contamos atualmente com uma farta bibliografia especializada no âmbito dos gêneros digitais, tema que tem despertado um interesse crescente de pesquisadores, inclusivamente em teses acadêmicas [ver, por exemplo, Marcuschi e Xavier (orgs.), 2004].

Consequentemente, as oportunidades para debates, reflexões, discussões, oficinas de estudo, comparação de informações estariam mais no dia a dia das programações, de maneira que a ampliação do repertório de informações do aluno entraria no rol dos interesses imediatos.

Lembremos que a maior dificuldade de alguém para escrever está justamente em *ter o que dizer*. Ou seja, não se fala ou não se escreve bem quando não se tem o que dizer, o que fundamenta, sem sombra de dúvida, todo esse empenho por ampliar o repertório de dados e informações.

- *Em terceiro lugar*, as questões de linguagem fariam parte do interesse e do cuidado de todos os professores da escola; que *pensam* e *ensinam a pensar*. Deixava-se, assim, de acreditar que desenvolver competências em leitura, em escrita, em análise ou em qualquer outro campo da comunicação é apenas tarefa das aulas de línguas[3].

Como já salientamos, qualquer disciplina do currículo tem como meio de acesso a seus conteúdos a língua, oral e escrita. Logo, em toda aula, ocorrem atividades de leitura, de interpretação, de resolução de *questões que*, antes de tudo, *precisam ser entendidas*. Um problema de matemática, a descrição de um fato histórico — de uma guerra, por exemplo — mobilizam, com certeza, conhecimentos linguísticos (do léxico e da gramática), além de conhecimentos textuais.

Embalados por essas novas visões de linguagem, todos os professores, de qualquer área, se sentiriam empenhados em falar, ler e escrever de forma a estimular nos alunos o gosto pela interação social relevante e adequada às situações de comunicação. Todas as atividades, consequentemente, teriam como suporte, como estímulo, textos, verbais ou não verbais, que seriam explorados na dimensão de seu sentido e das informações que veiculam.

3. A esse propósito, vale a pena ler os vários capítulos do livro: *Ler e escrever — compromisso de todas as áreas*, organizado por Iara Conceição Bitencourt Neves e outras (ver bibliografia). Cada capítulo explora, na especificidade de cada área do currículo escolar (artes visuais, ciências, educação física, geografia, história, literatura, matemática, música), o princípio de que ler e escrever são compromissos da escola e não exclusivamente do professor de português.

Assim ficaria bem nítido que a linguagem é uma mediação; não tem, portanto, terreno demarcado, dono exclusivo. Ficaria bem nítido ainda que a especialização do conhecimento, em áreas ou em disciplinas, é apenas um expediente pedagógico por razões metodológicas e didáticas.

- *Em quarto lugar*, numa abordagem interacionista da linguagem, a distribuição das aulas havia de contemplar a articulação dos vários componentes da língua, na forma em que ela funciona. Assim, não haveria, em separado, aulas de gramática, aulas de interpretação e aulas de redação. Tudo estaria articulado, tal como está quando realizamos qualquer atividade de linguagem.

Quando falamos ou escrevemos, não pensamos primeiro na gramática para depois ir redigindo/falando e, por último, ir interpretando. Todas as operações vão acontecendo, vão integrando-se num vaivém de interdependência sem fim.

Parece ser preciso voltar ao exame de como a língua acontece na prática para podermos tomar decisões muito importantes na vida da escola.

- *Em quinto lugar*, a definição dos programas teria que passar por uma séria revisão. Com a coragem de abrir mão daqueles programas de currículos ultrapassados, que já não encontram respaldo nem nas orientações federais nem em outras estaduais e municipais[4]. Basta consultar os documentos oficiais em circulação para ter clareza de que aquela antiga lista de itens que faziam os programas de cada série está fora de foco.

Questões do texto falado e escrito é que constituiriam o eixo do programa, tal como está proposto nos *Parâmetros Curriculares Nacionais* (PCNs). O rol das classes gramaticais entraria, a seu tempo, como elementos componentes dos textos. Assim, toda questão especi-

4. Uma análise das concepções de língua subjacentes a propostas como as do SAEB e as do ENEM pode ser vista em B. Marcuschi (2006), onde se confirma a tendência de privilegiar a perspectiva da língua como atividade sociointerativa e, consequentemente, para conceder expressiva relevância à leitura.

ficamente gramatical apareceria como requisito necessário de alguma competência textual que se quisesse explorar, de forma que a gramática da palavra e da frase não parecesse alguma coisa autônoma, que se basta a si mesma. Em síntese, *o que existe para além da frase é que deveria preencher o núcleo principal dos programas de ensino.*

Uma perguntinha: por que a escola não inclui em seus programas estudos sobre "como falar em público" — uma atividade tão útil para nossas atividades profissionais e nossa vida social?

- *Em sexto lugar,* o foco das aulas — sobretudo das aulas de línguas — deixaria de ser *a correção* para ser *o ensino, a exploração, a investigação, a pesquisa, a procura.* (É impressionante como, antes de tudo, pensamos em corrigir!) Perderíamos assim, nós professores, aquele ranço de nos concentrar na procura e na indicação de erros para, em seguida, corrigi-los. Seríamos, antes, os que se dispunham a ensinar, a explicar, a analisar, a levantar hipóteses, a comentar, a sugerir soluções, a estimular o gosto pela pergunta, pela descoberta autônoma, pelo prazer de explorar os cantos todos da linguagem[5], ela que permite a grande aventura da troca de ideias, de opiniões, de saberes e poderes...

- *Em sétimo lugar,* numa escola que aborda a língua na sua dimensão mais ampla, as salas de aula teriam que contar, no máximo com 30 alunos, como acontece em muitos outros países em que a educação constitui, de fato, objeto de um cuidado especial. Quando o número de alunos é muito grande, só muito precariamente se consegue promover uma participação maior dos alunos nas discussões propostas; só muito precariamente é possível analisar, com a devida flexibilidade, as complexas atividades de ler e escrever textos.

A queixa contra o número excessivo de alunos na sala tem sido comum no discurso reivindicativo dos professores e dos alunos. Não sem razão, é claro. O mais grave, é que, posteriormente, diante dos

5. Para reforçar a ideia de como é ampla a área que se tem a explorar no estudo da língua, convém consultar algumas obras que se têm dedicado ao estudo da língua falada — um campo vastíssimo em que, geralmente, a escola tem-se omitido [ver Marcuschi (1986), Ramos, (1997), Castilho (2000), entre muitos outros].

resultados nada bons mostrados nas avaliações, a *causa dos fracassos identificados* é sempre "a falta de interesse dos alunos".

A gente nunca se lembra de analisar as condições em que esses alunos têm suas aulas!

- Por fim, ***o professor de línguas*** – com mais razão ainda, entre nós, o ***professor de português*** – deve ser, para todos os efeitos, um leitor assíduo, funcionalmente múltiplo e "amante" de textos literários (mobilizando emoções estéticas) e não literários (mobilizando os saberes de diferentes domínios); deve ser, para todos os efeitos, alguém que sabe escrever e que o faz frequentemente, de forma relevante, articulando, juntando, conectando, para expressar unidades de sentido e de intenções, cuidando, inclusivamente, de, nas horas propícias, usar a norma prestigiada. Assim, saberá falar e escrever mais formalmente ou mais informalmente, conforme cada caso.

Mas, de qualquer maneira, será uma pessoa *que sabe fazer aquilo que ensina*, que experimenta, como "eterno aprendiz", os desafios que propõe aos outros... Não ensina, portanto, "da boca pra fora", como o povo costuma dizer daqueles que falam sem endossar com a própria vida o que dizem.

A propósito, Franchi (2006: 32) afirma que os professores devem conhecer bem a gramática: "Não, necessariamente, para ensiná-la a todo custo aos seus alunos. Mas para usá-la como instrumento analítico e explicativo da linguagem de seus próprios alunos."

Esse professor precisa ser alguém que *pode dispor de tempo* para estudar; para fazer suas leituras, suas consultas, suas pesquisas; que pode desfrutar das novas tecnologias da comunicação e da transmissão de informações; que promove, também ele, a ampliação de suas próprias capacidades; que vai descobrindo cada dia os jeitos de fazer melhor seu trabalho, deixando, portanto, a atitude meio alienada de transferir para os pesquisadores de fora toda a indicação do que ele deve fazer em suas aulas. Dessa forma, sua função não se reduz apenas a "transmitir", a "passar e repassar", ano após ano, conteúdos selecionados por outros; mas alguém que também *produz conhecimento*; alguém vivo (e que seja bem pago!), cheio, crente, esperançoso e amante, capaz de irradiar vida, somente porque está presente.

Esse professor precisa encontrar também boas condições de trabalho: espaço confortável, estimulante e materiais adequados e atualizados. Em geral, a maioria das escolas públicas, por exemplo, são espaços sem nenhuma poesia, sem nenhum encantamento (nem uma plantinha, às vezes!), cheios de buracos, de paredes sujas, de móveis velhos, de quadros negros quase imprestáveis. (Tão diferente do que aparece *em outros espaços* onde funcionam outros "serviços públicos" à população!)

Volto a insistir: que os alunos não sejam os únicos culpados! ***Nem os professores***.

Como se pode ver, aceitar as concepções da linguagem — como *atividade funcional, interativa, discursiva e interdiscursiva, como prática social situada e imersa na realidade cultural e histórica da comunidade* — acarreta visíveis diferenças na vida da escola, consequentemente, no desempenho de professores e alunos.

CAPÍTULO 14

Língua e gramática não são uma rima... podem ser uma solução?

MUNDO mundo vasto mundo,
se eu me chamasse Raimundo
seria uma rima, não seria uma solução.
Mundo mundo vasto mundo,
mais vasto é meu coração.

(C. Drummond de Andrade. *Poesia completa e prosa*. Rio de Janeiro: José Aguilar, 1973, p. 53)

Queremos outra vez convocar Drummond, para nos inspirar a fechar o debate que pretendemos manter aqui, com pais, professores e alunos. Debate que teve uma única pretensão: deixar *mais vasto o chão da escola*, para que mais vasto ainda seja o entendimento do que é a linguagem e do que são seus poderes.

É! Língua e gramática não são uma rima, porque não alinham pelo mesmo padrão sonoro; pelo mesmo tom. A língua tem mais acordes, tem mais vibrações; tem uma pauta maior, com mais notas, mais variações. A língua nem cabe na gramática. A gramática é menor, é mais curta, é menos abrangente. Tem menos lições. Portanto, as duas não rimam.

Nem rimam entre si nem rimam com a atividade da interação, pois a interação pede mais que o linguístico, pede mais até mesmo do que palavras e gramáticas. Pede o extralinguístico, o social; pede os veios da cultura, e pede de uma forma tão determinante que, por vezes, o linguístico vira segundo plano.

Língua e gramática não rimam também quando se confunde o estudo da nomenclatura com o estudo da gramática; quando não se vai além da nomenclatura, para encontrar os sentidos que transparecem nos usos reais, concretizados, efetivados. Usos gerais. Todos. Não apenas aqueles que são reconhecidos como "cultos" ou prestigiados. Todos têm sua validade e ninguém pode ser visto como *menos dotado* por não saber alinhar pela erudição e pela língua "bem falada"...

É: língua e gramática não rimam. No final do verso, uma não corresponde à outra.

Mas língua e gramática podem ser uma solução: se damos à gramática a função que de fato ela tem; nem mais nem menos; se reconhecemos seus limites; se a enquadramos na sua justa valoração; nas suas justas medidas e aceitamos sua insuficiência frente à necessidade de outros saberes e de outras competências.

Língua e gramática podem ser uma solução se aprendemos a apreciar a recriação da língua cada vez que a gramática varia, cada vez que ela se submete às condições de uso e se deixa levar pelos propósitos de quem a usa; quer dizer, se não deixamos que a gramática assuma o comando absoluto de tudo e saia do seu lugar de adjuvante; de companheira, apenas, cuja presença é necessária, mas não, suficiente.

Língua e gramática podem ser uma solução se sabemos ter olhos de ver bem longe e enxergamos uma travessia não totalmente pronta, mas que se vai fazendo; se cremos que há muito o que fazer nas aulas, envolvendo a gramática em atividades de análises, de leitura, de escrita, de oralidade; propondo perspectivas interativas e diferentes modos de expressão; desfazendo preconceitos e valorações discriminatórias.

Língua e gramática podem ser uma solução se não deixarmos que a gramática ofusque o fascínio que a língua pode exercer sobre as pessoas; se não deixarmos que a gramática nos impeça de sentirmos gosto pelo estudo da língua; se desfizermos o *grande equívoco de admitir que não é para ensinar gramática*, ou, pior ainda, que não é para ensinar a norma padrão.

Língua e gramática podem ser uma solução se soubermos ir adiante, muito além da gramática; muito além até mesmo da língua, para alcançar a nós mesmos e aos vestígios mais sutis da cultura, da história, dos discursos todos que teceram e tecem os versos de cada um.

Teríamos cumprido a missão sonhada de fazer a travessia do ensino de línguas sem tantas pedras no caminho!

Bibliografia

A lista dos autores citados pretende ser mais do que a indicação das obras que consultei ao longo do trabalho. Gostaria que ela fosse uma espécie de convite, de estímulo para orientação das leituras que o professor deve fazer, a fim de ampliar sua formação, suas concepções em torno do fenômeno linguístico e de seu ensino.

A propósito, seria sumamente importante que os professores dispusessem nas escolas de uma biblioteca especializada, onde pudessem encontrar os trabalhos mais recentes e mais relevantes para apoiar seu trabalho. Vamos lutar para conseguir isso!

ABAURRE, M. L. M.; PONTARA, M. *Literatura brasileira: tempos, leitores e leituras*. São Paulo: Moderna, 2005.

ANTUNES. I. No meio do caminho tinha um equívoco: Gramática, tudo ou nada. In: BAGNO, M. (org.). *Linguística da norma*. São Paulo: Edições Loyola, 2002, pp. 127-134.

_____. *Aula de português: encontro e interação*. São Paulo: Parábola Editorial, 2003.

_____. *Lutar com palavras: coesão e coerência*. São Paulo: Parábola Editorial, 2005.

_____. Avaliação da produção textual no ensino médio. In: BUNZEN, C.; MENDONÇA, M. (orgs.). *Português no ensino médio e formação do professor*. São Paulo: Parábola Editorial, 2006, pp. 163-180.

_____. *Língua, texto & ensino — outra escola possível*. São Paulo: Parábola Editorial, 2009.

BAGNO, M. *Dramática da língua portuguesa: tradição gramatical, mídia & e exclusão social*. São Paulo: Edições Loyola, 2000.

_____. *Português ou brasileiro? Um convite à pesquisa*. São Paulo: Parábola Editorial, 2001.

_____. (org.), *Linguística da norma*. São Paulo: Edições Loyola, 2002.

_____. *A norma oculta: língua & poder na sociedade brasileira*. São Paulo: Parábola Editorial, 2003.

BAGNO, M. *Nada na língua é por acaso – por uma pedagogia da variação linguística*. São Paulo: Parábola Editorial, 2009.

____. *Não é errado falar assim! – em defesa do português brasileiro*. São Paulo: Parábola Editorial, 2009.

BORTONE, M. E. & MARTINS, C. *Construção da leitura e da escrita – do 6º ao 9º ano do ensino fundamental*. São Paulo: Parábola Editorial, 2008.

BORTONI-RICARDO, S. M. *Educação em língua materna: a sociolinguística na sala de aula*. São Paulo: Parábola Editorial, 2004.

____. *Nós cheguemu na escola e agora? – sociolinguística e educação*. São Paulo: Parábola Editorial, 2005.

____.; SOUSA, M. A. F. *Falar, ler e escrever em sala de aula – do período pós-alfabetização ao 5º ano*. São Paulo: Parábola Editorial, 2009.

BUNZEN, C.; MENDONÇA. M. (orgs.). *Português no ensino médio e formação do professor*. São Paulo: Parábola Editorial, 2006.

CARNEIRO, A. D. Uma sinopse de uma gramática textual. In: PAULIUKONIS, M. A. L. ; GAVAZZI, S. (orgs.). *Da língua ao discurso: reflexões para o ensino*. Rio de Janeiro: Lucerna, 2005, pp. 59-74.

COELHO, M. A. L. *Atitudes linguísticas do nordestino do submédio São Francisco*. Dissertação de Mestrado. Programa de Pós-Graduação em Letras e Linguística. Recife. UFPE, 1998.

CUNHA, J. C. *Pragmática linguística e didática das línguas*. Belém: Editora UFPA, 1991.

DIONÍSIO, A. P.; MACHADO, A. R.; BEZERRA, M. A. (orgs.). *Gêneros textuais e ensino*. São Paulo: Parábola Editorial, 2010.

FARACO, C. A. Norma padrão brasileira. Desembaraçando alguns nós. In: BAGNO, M. (org.). *Linguística da Norma*. São Paulo: Edições Loyola, 2002, pp. 37-61.

____. *Português: língua e literatura*. Curitiba: Base Editora, 2003.

____. *Norma culta brasileira – desatando alguns nós*. São Paulo: Parábola Editoral, 2008.

____. *Linguagem & diálogo – as ideias linguísticas do Círculo de Bakhtin*. São Paulo: Parábola Editorial, 2009.

FERNANDES, M. *Millôr definitivo: a bíblia do caos*. Porto Alegre, L&PM, 1994.

FERRAREZI Jr., C. *Semântica para educação básica*. São Paulo: Parábola Editorial, 2008.

____. *Ensinar o brasileiro – respostas a 50 perguntas de professores de língua materna*. São Paulo: Parábola Editorial, 2007.

FRANCHI, C. *Mas o que é mesmo "gramática"?* São Paulo: Parábola Editorial, 2006.

GARCEZ, L. H. do C. *Técnica de redação: o que é preciso saber para bem escrever*. São Paulo: Martins Fontes, 2001.

GARCIA, O. M. *Comunicação em prosa moderna*. Rio de Janeiro: Editora da Fundação Getúlio Vargas, 1977.

GERALDI, J. W. *Portos de passagem*. São Paulo: Martins Fontes, 1997.

GESSER, A. *LIBRAS? Que língua é essa? — crenças e preconceitos em torno da língua de sinais e da realidade surda*. São Paulo: Parábola Editorial, 2009.

GUEDES, P. C. A *formação do professor de português — que língua vamos ensinar?*. São Paulo: Parábola Editorial, 2006.

____. *Da redação à produção textual — o ensino da escrita*. São Paulo: Parábola Editorial, 2009.

ILARI, R.; BASSO, R. *O português da gente: a língua que estudamos, a língua que falamos*. São Paulo: Contexto, 2006.

KOCH, I. V. ; TRAVAGLIA, L. C. *Texto e coerência*. São Paulo: Contexto, 1991.

____. *Desvendando os segredos do texto*. São Paulo: Cortez, 2002.

____; ELIAS, V. M. *Ler e compreender os sentidos do texto*. São Paulo: Contexto, 2006.

LIMA, A. Funções textual-discursivas das 'orações adverbiais' sem matriz. *Veredas*. Revista de Estudos Linguísticos, Universidade Federal de Juiz de Fora, 2004, pp. 53- 62.

MARCUSCHI, B. O que nos dizem o SAEB e o ENEM sobre o currículo de língua portuguesa para o ensino médio. In: BUNZEN, C.; MENDONÇA. M. (orgs.). *Português no ensino médio e formação do professor*. São Paulo: Parábola Editorial, 2006, pp. 57-82.

MARCUSCHI, L. A. *Análise da conversação*. São Paulo: Ática, 1986.

____. Gêneros textuais: definição e funcionalidade. In: DIONÍSIO, A. P.; MACHADO, A. R.; BEZERRA, M. A. (orgs.). *Gêneros textuais e ensino*. Rio de Janeiro: Lucerna, 2002.

____; XAVIER, A. C. dos S. *Hipertexto e — gêneros — digitais*. Rio de Janeiro: Lucerna, 2004.

____. *Produção textual, análise de gêneros e compreensão*. São Paulo: Parábola Editorial, 2008.

MATTOS E SILVA, R. V. "*O português são dois...*". *Novas fronteiras, velhos problemas*. São Paulo: Parábola Editorial, 2004.

MENDONÇA, M. Análise linguística no ensino médio: um novo olhar, um outro objeto. In: BUNZEN, C.; MENDONÇA, M. (orgs.). *Português no ensino médio e formação do professor*. São Paulo: Parábola Editorial, 2006, pp. 198-226.

MEURER, J. L.; MOTTA-ROTH, D. (Orgs). *Gêneros textuais e práticas discursivas: subsídios para o ensino da linguagem*. Bauru: EDUSC, 2002.

MEURER, J. L.; BONINI, A.; MOTTA-ROTH, D. (orgs.) *Gêneros: teorias, métodos, debates*. São Paulo: Parábola Editorial, 2005.

NEVES, I. C. B. e outros (orgs.). *Ler e escrever: compromisso de todas as áreas*. Porto Alegre: Ed. Universidade/UFRGS, 2003.

NEVES, M. H. de M. *Gramática na escola*. São Paulo: Contexto, 1994.

____. *Gramática de usos do português*. São Paulo: Editora UNESP, 2000.

____. *Que gramática estudar na escola?* São Paulo: Contexto, 2003.

____. *Guia de uso do Português: confrontando regras e usos*. São Paulo: Editora UNESP, 2003.

____. *Texto e gramática*. São Paulo: Contexto, 2006.

PAULIUKONIS, M. A. L. ; GAVAZZI, S. (orgs.). *Da língua ao discurso: reflexões para o ensino*. Rio de Janeiro: Lucerna, 2005.

PERINI, M. *A língua do Brasil amanhã e outros mistérios*. São Paulo: Parábola Editorial, 2004.

_____. *Sofrendo a gramática*. São Paulo: Ática, 1997.

_____. *Princípios de linguística descritiva: introdução ao pensamento gramatical*. São Paulo: Parábola Editorial, 2006.

PINHEIRO, I. *O que propõem os livros didáticos de língua portuguesa: exercitar a escrita ou escrever interagindo?* Dissertação de Mestrado. Programa de Pós-Graduação em Letras e Linguística: UFPE, 1999.

POSSENTI, S. *Por que (não) ensinar gramática*. Campinas: Mercado de Letras, 1996.

_____. *Os humores da língua*. Campinas: Mercado de Letras, 1998.

_____. *A cor da língua e outras croniquinhas de linguista*. Campinas: Mercado de Letras, 2001.

RAMOS, J. *O espaço da oralidade na sala de aula*. São Paulo: Martins Fontes, 1997.

RODRIGUES, A. D. Problemas relativos à descrição do português contemporâneo como língua padrão no Brasil. In: BAGNO, M. (org.). *Linguística da norma*. São Paulo: Edições Loyola, 2002, pp. 11-25.

RORIZ, R. C. L. *Texto e gramática: uma análise das concepções e abordagens de professores da rede pública de ensino*. Monografia. Belém de São Francisco: CESVASF, 2002.

SCHERRE, M. M. P. *Doa-se lindos filhotes de poodle: variação linguística, mídia e preconceito*. São Paulo: Parábola Editorial, 2005.

SUASSUNA, Lívia. *Ensino de língua portuguesa: uma abordagem pragmática*. Campinas: Papirus, 1995.

TRAVAGLIA, L. C. *Gramática e interação: uma proposta para o ensino de gramática no 1º. e 2º. graus*. São Paulo: Cortez, 1976.

_____. *Gramática: ensino plural*. São Paulo: Cortez, 2003.

ESTRATÉGIAS de ENSINO

1. *O ensino do espanhol no Brasil*, João Sedycias [org.]
2. *Português no ensino médio e formação do professor*, Clecio Bunzen & Márcia Mendonça [orgs.]
3. *Gêneros catalisadores — letramento e formação do professor*, Inês Signorini [org.]
4. *A formação do professor de português — que língua vamos ensinar?*, Paulo Coimbra Guedes
5. *Muito além da gramática — por um ensino de línguas sem pedras no caminho*, Irandé Antunes
6. *Ensinar o brasileiro — respostas a 50 perguntas de professores de língua materna*, Celso Ferrarezi Jr.
7. *Semântica para a educação básica*, Celso Ferrarezi Jr.
8. *O professor pesquisador — introdução à pesquisa qualitativa*, Stella Maris Bortoni-Ricardo
9. *Letramento em EJA*, Maria Cecilia Mollica & Marisa Leal
10. *Língua, texto e ensino — outra escola possível*, Irandé Antunes
11. *Ensino e aprendizagem de língua inglesa — conversas com especialistas*, Diógenes Cândido de Lima [org.]
12. *Da redação à produção textual — o ensino da escrita*, Paulo Coimbra Guedes
13. *Letramentos múltiplos, escola e inclusão social*, Roxane Rojo
14. *Libras? Que língua é essa?*, Audrei Gesser
15. *Didática de línguas estrangeiras*, Pierre Martinez
16. *A palavra e a sentença — estudo introdutório*, Ronaldo de Oliveira Batista
17. *Coisas que todo professor de português precisa saber*, Luciano Amaral Oliveira
18. *Gêneros textuais & ensino*, Angela Paiva Dionisio, Anna Rachel Machado & Maria Auxiliadora Bezerra [orgs.]
19. *As cadeias do texto — construindo sentidos*, Cláudia Roncarati
20. *Produção textual na universidade*, Désirée Motta-Roth & Graciela Rabuske Hendges
21. *Análise de textos — fundamentos e práticas*, Irandé Antunes
22. *Dicionários escolares — políticas, formas & usos*, Orlene Lúcia de Sabóia Carvalho & Marcos Bagno [orgs.]
23. *Inglês em escolas públicas não funciona? Uma questão, múltiplos olhares*, Diógenes Cândido de Lima [org.]
24. *Dicionários na teoria e na prática — como e para quem são feitos*, Claudia Xatara, Cleci Regina Bevilacqua & Philippe Humblé
25. *Gêneros textuais — reflexões e ensino*, Acir Mário Karwoski, Beatriz Gaydeczka & Karim S. Brito
26. *Letramentos de reexistência — poesia, grafite, música, dança: hip-hop*, Ana Lúcia Silva Souza
27. *Pesquisar no labirinto — a tese, um desafio possível*, Francisco Perujo Serrano
28. *O território das palavras — estudo do léxico em sala de aula*, Irandé Antunes
29. *Multiletramentos na escola*, Roxane Rojo & Eduardo Moura [orgs.]
30. *Leitura e mediação pedagógica*, Stella Maris Bortoni-Ricardo et alii [org.]
31. *Numeramento — aquisição das competências matemáticas*, Michel Fayol
32. *Letramentos no ensino médio*, Ana Lúcia Silva Souza, Ana Paula Corti & Márcia Mendonça
33. *Neologia em português*, Margarita Correia & Gladis Maria de Barcellos Almeida
34. *Língua e literatura: Machado de Assis na sala de aula*, Alexandre Huady T. Guimarães & Ronaldo de Oliveira Batista
35. *O ouvinte e a surdez — sobre ensinar e aprender a libras*, Audrei Gesser
36. *Ensinar na universidade — conselhos práticos, dicas, métodos pedagógicos*, Markus Brauer
37. *Os doze trabalhos de Hércules — do oral para o escrito*, Stella Maris Bortoni-Ricardo & Veruska Ribeiro Machado [orgs.]
38. *Múltiplas linguagens para o ensino médio*, Clecio Bunzen & Márcia Mendonça [orgs.]
39. *Leitura de literatura na escola*, Maria Amélia Dalvi, Neide Luzia de Rezende & Rita Jover-Faleiros [orgs.]
40. *Escol@ conectada — os multiletramentos e as tics*, Roxane Rojo [org.]
41. *Sete erros aos quatro ventos — a variação linguística no ensino de português*, Marcos Bagno
42. *Cenas surdas: os surdos terão lugar no coração do mundo?*, Renato Dente Luz
43. *Aquisição de linguagem*, Michèlle Kail
44. *Métodos de ensino de inglês — teorias, práticas, ideologias*, Luciano Amaral Oliveira
45. *Aquisição da escrita*, Michel Fayol
46. *Pedagogia do silenciamento — a escola brasileira e o ensino de língua materna*, Celso Ferrarezi Jr.
47. *Por que a escola não ensina gramática assim?*, Stella Maris Bortoni-Ricardo et al. [orgs.]
48. *Aquisição de segunda língua*, Vera Lúcia Menezes de Oliveira e Paiva
49. *Gramática contextualizada — limpando "o pó das ideias simples"*, Irandé Antunes
50. *Língua, Linguagem, linguística — pondo os pingos nos ii*, Marcos Bagno
51. *Hipermodernidade, multiletramentos e gêneros discursivos*, Roxane Rojo & Jacqueline Barbosa
52. *Produzir textos na educação básica — o que saber, como fazer*, Celso Ferrarezi Jr. & Robson S. de Carvalho
53. *Faça a diferença — ensinar línguas estrangeiras na educação básica*, Alex Garcia da Cunha & Laura Miccoli [orgs.]
54. Coaching *instrucional — formação continuada e ensino de línguas*, Alex Garcia da Cunha
55. *Fonologia, fonética e ensino — guia introdutório*, Mikaela Roberto
56. *De alunos a leitores — o ensino da leitura na educação básica*, Celso Ferrarezi Jr. & Robson S. de Carvalho
57. *Enunciado de atividades e tarefas escolares — modos de fazer*, Denise Lino de Araújo
58. *Tiras no ensino*, Paulo Ramos
59. *O mundo na sala de aula — intertextualidade nos anos finais do ensino fundamental*, Maria Silvia Gonçalves
60. *Textualidade — noções básicas e implicações pedagógicas*, Irandé Antunes
61. *Poesia na sala de aula*, Hélder Pinheiro
62. *Ensinar a ler, aprender a avaliar — avaliação diagnóstica das habilidades de leitura*, Robson S. de Carvalho
63. *Oralidade na educação básica — o que saber, como ensinar*, Robson Santos de Carvalho & Celso Ferrarezi Jr.
64. *Vygotsky — a interação no ensino/aprendizagem de línguas*, Francisco José Quaresma de Figueiredo
65. *Intercompreensão — a chave para as línguas*, Pierre Escudé & Francisco Calvo del Olmo
66. *A alfabetização de idosos — um tema urgente no Brasil*, Kátia Abreu & Maria Carlota Rosa
67. *A função da literatura na escola — resistência, mediação e formação leitora*, Maria do Socorro A. N. Macedo [org.]
68. *A oralidade no ensino de línguas estrangeiras*, José Ricardo Dordron de Pinho [org.]
69. *A avaliação na escola — Guia de conceitos e práticas*, Robson Santos de Carvalho

Esta obra foi composta em Excelsior 12/15,5
e impressa em papel Lux Cream 60g
para a **Parábola Editorial** em julho de 2022.

Impressão e acabamento:
Gráfica Paym